F R A N C H I S E

# フランチャイズ投資入門

Furukawa Satoru

古川 暁

I N V E S T M E N T

# はじめに

## 株や不動産よりもフランチャイズの方がお金を増やせる

はじめまして、古川暁と申します。

私は現在3つのFC（フランチャイズチェーン）に加盟し、5店舗を経営し、1店舗を開業準備中です。月商は1300万円、月次の営業利益も最大500万円を突破しました。

また、現在はフランチャイズ加盟者のためのビジネス研究会を設立し、日々フランチャイズを利用してビジネスを成功させる方法について研究しています。

本書はそんな私の経験から「フランチャイズ投資」のノウハウを伝え、おすすめする内容です。

「フランチャイズ起業」ではなく「フランチャイズ投資」と書いているのは、自分の手元にある資金を効率的に増やすのが目的であると考えた場合、そのお金で株や不動産を買うよりも、ＦＣに加盟して店舗を持つための初期費用にする方が、効率的であると考えているからです。

## リスクはあるからノウハウは必要

しかし、このように書くと読者の方の中には「フランチャイズって大丈夫なの？」「本部に搾取されるだけなんじゃないの？」と思われる方もいらっしゃるのではないでしょうか。

確かに、フランチャイズにはそういったイメージもありますし、実際にフランチャイズで失敗してしまう人もいます。

そもそも何十、何百という店舗を運営しているフランチャイズ本部（フランチャイザー）と、はじめてお店を経営する加盟者（フランチャイジー）とでは、情報格差が大きく、公平な関係を築きにくいという性質があるのも確かです。

ただし、その一方で、一般的な起業の5年生存率が15％と言われるのに対して、フランチャイズ起業の5年生存率は65％というデータも存在します。すでに他の人が実践し、アップデートを繰り返してきたノウハウを使うわけですから成功率が高くなるのです。

何が言いたいのかというと、この本は決してフランチャイズを徹底的に賛美し、皆さんに無理やりフランチャイズオーナーになってもらおう、という内容ではないということです。

私や、研究会の仲間たちが得たノウハウをまとめることで、

・そもそもフランチャイズのメリットはどこにあるのか？
・逆にデメリットと言えるのはどのような点か？

・フランチャイズがおすすめなのはどんな人か？
・どんな業種のフランチャイズを選ぶべきか？

といった、「正しい情報」を皆さんにお伝えするのが目的です。

## 起業や副業に興味がある人には有力な選択肢

終身雇用の実質的な崩壊や、年金制度に対する不安、さらにはコロナショックをはじめとする様々な時代の変化から「起業」や「副業」に関心を持つ人が増えています。

その一方で、これまで「良い大学を出て、良い会社に入れば、将来は安泰だ」という従来の価値観で生きてきた人は、いきなり起業だ副業だと言われても、どうして良いかわからないでしょう。

これから起業をしてみたい、と考えている人にとって、すでにノウハウが確立されていて生存率の高いフランチャイズというビジネスは、正しい知識さえ持っていれば有力な選択肢となります。

私自身、そのような思いから独立してフランチャイズをはじめた人間の一人です。

## リーマンショックでキャリアに不安を持ったのがきっかけ

もともと住友信託銀行に勤めていた私は、2000年に上司に誘われる形で外資系金融に転職しました。転職先の英銀は日の出のごとき勢いで世界中に拡大、2007年には総資産で世界首位に立ちます。

私自身の待遇も相応のもので、人生が順風満帆に見えたそのとき、2008年にリーマンショックが起きました。その煽りをもろに受け、一転してその英銀は倒産の危機に。結局国有化の道をたどることで企業としては存続しましたが、日本での業務縮小により同僚はどんどんリストラされ会社を去っていきました。

そして2013年、私にもそのときが来ました。なんとか仏銀への転職には成功したものの、当時私はすでに46歳。外資系金融においてはすでに高齢者であり、今後のキャリアへの不安は大きいものでした。

そんなときに出会ったのがフランチャイズの世界でした。フェイスブックを通じて友人の友人から突然連絡が来たのです。「フランチャイズ投資に関する勉強会をしているから、フランチャイズ投資・起業に興味があるのなら来ないか」という内容でした。

少し怪しいとは感じたものの、共通の友人がいたこともあり、私はその勉強会に参加することにしました。

私に声をかけてくれた彼は不動産投資などで利益を出している人で、フランチャイズに「投資」をすることで利益を出せないか、というのがその研究会のテーマでした。

## 不測の事態へのリスクヘッジとしても有力

普通、起業をする場合というのは自分でアイデアを出し、ビジネスモデルを構築する必要があります。当然その過程では様々な試行錯誤が必要になりますし、先述の通り、うまくいかずにすぐに廃業してしまう人も少なくありません。

一方でフランチャイズというのはすでにそのノウハウがある状態です。一から起業した人にとって成功率が高いというだけでなく、複数の事業を持つ起業家からすれば、自分自身のリソースを最小限にしつつ新しい事業を持てる「投資」と考えることもできます。

特にリーマンショックやコロナショックのような、想定できない環境の変化があったとき、絶対に安泰なビジネスなどありません。

ではどうやってリスクヘッジするか、といえばリスクファクターの異なる複数の事業を持つことが有効です。ある程度本業が軌道に乗り、資金力に余裕のある経営者からすれば、そのような「第二、第三の事業」の選択肢としてもフランチャイズは非常に有力なものとなります。

## しっかり知識をつければ成功率は8割

さて、話を私に戻しましょう。

そのフランチャイズ投資研究会も、すぐにすべてがうまくいったわけではありませんでした。詳しくは本文の中でご紹介しますが、様々な仮説を立て、それを検証し、少しずつ理論をアップデートさせていったのです。

その末にたどり着いた結論が「しっかりとフランチャイズに関する知識をつけた上で行う投資・起業ならば、8割程度の成功率を目指せる」ということです。

もしかしたら読者の方の中には「2割失敗するのかよ」と思われた方もおられるかもしれませんが、思い出してください。起業の5年生存率は15%、この数字から比べればはるかにリスクを小さくすることができていると言えます。

また、フランチャイズ全体の5年生存率65%に対しても、しっかりとフランチャイズの特性を理解することでより成功率を高めることができる、というわけです。

## 正しい知識を伝えるメディアは少ない

しかし、このフランチャイズに関する正しい知識を伝えるメディアは世の中にほとんどないのが現状です。

まずフランチャイズ本部が発信する情報は、当然バイアスがかかります。「自分のフランチャイズに加盟してほしい」という発想が根本にあるのですから、これはある程度仕方がないことです。

また、フランチャイズの仕組みを伝えるビジネスセミナーなども、一種のアフィリエイトのような形で、加盟者を斡旋することで収益が発生する契約になっている場合が多々あります。

「コンビニオーナーの悲劇」といった、フランチャイズでいかに本部に搾取されるかを語ったコンテンツもありますが、1店舗しか経営していない人の主観であることがほとんどです。もしかしたら失敗の原因は自分の勉強不足にあったのかもしれないし、同じフランチャイズチェーンの加盟者であっても、うまくやって幸せになっている人がたくさんいるかもしれません。

## 中立の立場から実践的なノウハウを教えます

その点、私たちの研究会は、特定のフランチャイズ本部と利益関係を持つということはありませんから、フラットな視点で見ることができますし、成功例も失敗例も数多く見ており、それらを分析して得たノウハウもあります。

このような中立の立場から、フランチャイズの「メリット」と「デメリット」両方を伝えられるコンテンツがあれば、きっと多くの投資家・起業家のお役に立てると考え、今回筆を執らせていただきました。

会社員としての給与では将来に不安があるが、かといって何をしていいかわからないという起業初心者の方。

会社員としてしっかりとした生活基盤があり、さらに複数の投資・事業を行うことで会社員複業（副業ではありません）を志向する方。

もしくはすでに事業をしているが、今後リーマンショックやコロナショックのような大きな環境変化が起こったときのために新規事業、新たな投資先を探している方。

そんな方々に本書の内容が少しでもお役に立てば幸いです。

2021年5月

古川暁

## 第1章 「投資」としてのフランチャイズ

## 第2章 私はいかにしてフランチャイズ投資で成功したか

## 第3章 フランチャイズ投資のアクションプラン



## 第4章 フランチャイズ投資を成功させるルール

## 第5章 7人の先輩たちに学ぶフランチャイズ投資の秘訣

# 第1章

# 「投資」としてのフランチャイズ

# 1 そもそも「フランチャイズ」とは何か？

## ロイヤリティを支払ってサポートを受ける仕組み

まず本書のタイトルにもなっている「フランチャイズ投資」の意味について解説していきます。

フランチャイズというのは、加盟店が本部に対して加盟金・ロイヤリティを支払うことで、本部の持つノウハウや、商品の販売権、ブランドなどを利用することのできるシステムです。

例えばコンビニであれば、ひとつひとつのコンビニ店舗にはそれぞれのオーナーがいますが、彼らは「セブンイレブン」や「ファミリーマート」のフランチャイズに加盟することで「セブンイレブンの商品」を販売する権利をもらっています。それと同時に、セブンイレブンがこれまでに積み上げた接客や商品の入荷数といったノウハウを提供してもらうことができる、というものです。

簡単にまとめると、「ビジネスをする上でのサポートを本部にしてもらう代わりに、加盟金・ロイヤリティを支払う」というのがフランチャイズの基本的な構造です。

## フランチャイズは起業でもあり投資でもある

すなわち「フランチャイズというのは起業のやり方の1種類である」というのが一般的な考え方です。

もちろんそれは間違っていませんが、そのフランチャイズを「投資」という観点で考えてみてほしい、投資をする際の一つの選択肢としてフランチャイズというのがあるんだということを知ってほしい、というのが本書のタイトルに「フランチャイズ投資」という言葉を使った意図です。

フランチャイズは実業ではありますが、必ずしもオーナーが現場に出て汗を流す必要はありません。そういう意味では事業投資と捉えることができます。

例えばフランチャイズをはじめるとして、初期費用が1000万円かかったとします。そして運営したところ、売上から経費等をすべて差し引いた純利益が100万円だったとしましょう。1000万円の投資をして100万円の純利益が出たわけですから、利回り10％で運用した、と考えることができます。

## 投資の視点からフランチャイズを考えてみよう

もちろん、初期費用としてかかった1000万円は、すぐに事業を売却して1000万円そのまま回収できるとは限りませんし、オーナー自らも身体を使わなければいけないケースもあります。

ただ、資産の流動性というのは株や不動産といった一般的に投資と認識されているものでも商品によってまちまちですし、その管理にかかる労力もまちまちです。そういった他の投資商品と比較した場合のフランチャイズのメリットやデメリットについてはこのあと詳しく説明しますが、

・どれくらいの費用が必要か
・どれくらいの利回りで運用できるか
・どれくらいの確率で成功（利益を生む）できるのか

といった、投資を行う際に検討する要素から、フランチャイズという仕組みについて考えてみる、というのが本書のスタンスです。

もちろん「どうすればフランチャイズがうまくいくか」という部分についてもある程度は触れていきますが、フランチャイズの教科書というわけではなく、今までフランチャイズをやろうと考えたことがなかった人に対しても、フランチャイズの良いところ、そして注意点まで、中立の立場からきっちりとご説明していきたいと思います。

## 2 その他の投資と「利回り」を比較してみる

### フランチャイズは年利33％の世界

まずは「利回り」がどれくらいか、という観点からフランチャイズとその他の投資について考えていきたいと思います。

フランチャイズに加盟したことがないオーナー候補が、フランチャイズ本部に説明を聞くとき、必ず本部は「何年くらいで初期費用を回収できるか」という指標を、それまでの他のオーナーたちの実績を元に出してきます。

例えば1000万円の初期投資で年間の利益が200万円であれば、5年で回収ということです。5年で回収できるということは、年利20％で運用している、ということができます。

フランチャイズの世界で本部が事業計画として提示する資料で多いのは「3年程度で回収できます」というもの。逆に「回収に8年かかります」などというとなかなか加盟者が集まらない、なんていう話を聞いたことがあります。

仮に本当に3年で回収できるのだとすれば利回りは約33％。なかなか加盟者が集まらない、すなわちフランチャイズの世界では低水準の数値である8年回収であっても12・5％です。

## 投資の神様・バフェットですら利回りは20％

他の投資をしたことがある人ならわかると思いますが、これはとんでもなく高い数値です。例えば株式と比較して考えると、「投資の神様」と言われるウォーレン・バフェットですら、長期の投資利回りは20％程度だと言います。フランチャイズ本部が

「新人オーナー候補」に伝える平均的な値ですら、投資の神様を上回っているのです。

実際に私自身の経営しているフランチャイズ加盟店舗がどれくらいの利益を出しているかと言うと、もっとも安定した売上の店舗では1500万円の初期投資で5年目の現在は1か月の利益が100万円ほど出ています。年間に直せば1200万円、つまり初期投資との比率でいえば年利80%ということです。

もちろんこれは5年間かけて経営ノウハウが磨かれた結果と立地診断を正しく行えた結果ではありますし、初年度からこの数字が出ていたわけではありません。しかし、仮にこれが最高水準の値であったとしても「それまで普通のサラリーマンだった人間が、始めて5年で投資の神様の4倍もの利回りを獲得できる可能性がある」というのは紛れもない事実ということです。

もちろん、フランチャイズにもリスクはありますし、その説明もこのあとしっかり行いますが、このことだけでも、フランチャイズは投資として大変魅力的な一面を持っているということが伝わると思います。

## 一般的に株式投資の利回りは5~7%程度

先ほどはバフェットという一流の投資家の数値を持ちだしましたが、一般的に株式投資の利回りは5~7%程度。短期的に20%といった数値を出すことはありますが、期待値としてはこの程度です。

そもそも、金融商品への投資というのは専門家であっても市場の動きを読み切って平均以上に勝つというのは非常に困難な世界です。

これから投資をはじめてやる、という人であれば基本的には、市場の平均値にかける「インデックス投資」をおすすめされることが多く、そうなれば期待利回りは国内株で5%程度、アメリカ株で7%程度、というのが一般的です。

株式の他には債券もポピュラーなアセットですが、国内債券のリターンは長らくゼロに近い値です。外国債券は低リスク低リターンでコツコツと資産を増やすのに適していると言われますが、ここ最近はアメリカやヨーロッパの外国債券もリターンが極めて低水準となっています。アセットアロケーションの一環、すなわち様々な商品に自分の資産を分散することで、ひとつひとつのリスクを小さくするという考えならば良いですが、純粋に投資で稼ぐという意味ではあまり魅力のないアセットとなりつつあります。

## 不動産投資でも5～7％程度が一般的

では金融商品以外の実物資産、例えば不動産はどうでしょうか。国内の中古マンションへの投資の場合、表面利回りは株式と同程度の5～7％程度が一般的です。

他の投資にも言えることですが、投資と言うのは基本的にリスクとリターンが相関します。つまりリスクを大きく取ればリターンも大きくなるのですが、不動産の場合は「入居者がいない」というのがリスクになるため、入居者が入りづらい・修繕費用がかさむような物件、例えば築古戸建投資であればリスクが高い分利回りが15％を超えることもあります。

## 大きく稼ぎたいならフランチャイズは魅力的な投資先

リスクヘッジをしながら、自分の手もできるだけかけず、「銀行に預けるよりはマシだよね」くらいの感覚で資産を運用したいのであれば、こういったアセットに投資をするのが良いかもしれません。

しかし、メインの収益源として期待している、できる限り大きく稼ぎたい、そう思っている人にとっては、フランチャイズというのは一般的なアセットに負けない、いやそれ以上の投資先となり得るのです。

# 3 その他の投資と「リスク」を比較してみる

## フランチャイズ最大のリスクは倒産

利回りでの比較においてフランチャイズ投資が非常に魅力的であることは伝わったと思いますが、当然確実にうまくいく投資などありませんから、リスクについても考える必要があります。

株式投資であれば、株価が半分になったとしても「半分は戻ってくる」と言えますが、フランチャイズは起業なので倒産してしまったら初期費用＋それまでにかかった運転資金をすべて失ってしまいます。これが最大のリスクと言えるでしょう。

## 倒産リスクはノウハウでコントロールできる

しかし、重要なのはフランチャイズの場合それをコントロールできる、という点です。先ほども書いた通り、金融資産の上がり下がりを予想するのは「専門家でも」難しいとされています。例えば市場全体が5％値上がりする場合、銘柄を選択することで5％以上の利益を得るというのは専門家であってもほとんどできないのです。アナリスト推奨銘柄がみるみるうちに下がっていくことなど当たり前すぎて驚く気にもなりません。

結論づければ、金融資産の収益というのは市場全体の動きに左右されますが、それは自分にはコントロールできません。

一方、本書ではフランチャイズを投資と考えてみたらどうだろう、というスタンスに立っていますが、根本にあるのは実業ですから、そこはノウハウを使うことでリスクを下げることができるのです。

とはいえ、「一流の経営者になれ」と言っているわけではありません。フランチャイズというのは基本的にはフランチャイズ本部のビジネスモデルに乗っかることで儲ける仕組みですから、正しい本部選びをすることでリスクをコントロールすることができます。

## 他にもあるフランチャイズの４つのリスク

一般的な起業では、業種にもよりますが5年生存率は15%程度とされています。それがフランチャイズの場合は65%になります。すでにうまくいっている本部のビジネスモデルやブランドをそのまま利用するわけですから、当然普通に起業するよりも成功率が高くなります。

「35%は失敗する」と言い換えることもできますが、この部分は自分の努力次第でコントロールできるところです。例えば成功率が高そうなフランチャイズ本部を選ぶ、いざはじまってから自分のできる範囲の営業努力をする、などです。

具体的にフランチャイズ投資を行う際のリスク、すなわち失敗要因を見ていきましょう。

### ①立地を外す

店舗型ビジネスのフランチャイズに加盟する場合は立地が非常に重要です。そのフランチャイズグループ全体は儲けていたとしても、自分の店が儲けられるかどうか、というのは立地に大きく左右されるからです。

したがって、集客できないような立地に出店してしまう、というのは主要なリスクの一つとなります。ここはもろにノウハウが出る部分ですので、あとの章で詳しく解説します。

### ②有能なスタッフが集まらない

コンビニのフランチャイズなどは自分が店長としてフル回転する、といったことも珍しくないですが、それでは単なる「フランチャイズ起業」です。もちろんそういうやり方も悪くはありませんが、本書の主旨は投資ですから、基本的には店は誰かに任せて、自分の現場仕事は最低限にする前提で考えます。

そう考えたとき、責任者に能力がないというのは致命的です。必要な能力は業種によって変わってきますが、収益額とその責任者の力がある程度相関するのは間違いありません。

### ③ビジネスモデルが陳腐化する

わかりやすいのはタピオカの例です。タピオカミルクティーの販売というビジネスは2019年～2020年に大流行しましたが、2020年末の段階ではすでに下火となっています。

もちろん、勝ち組タピオカ屋オーナーは、タピオカブームが一時的なものであることなどわかっていて、ブームが続いている短期間のうちに初期費用等をすべて回収し利益を出すプランで出店しています。しかし、それを読めずに2019年後半以降に大きな資金を使って1からタピオカ屋をはじめてしまった場合、苦戦するのは目に見えています。

タピオカはわかりやすい例ですが、こういったビジネスモデルそのものの問題で稼げなくなるというのはよくあることで、他にはエステサロンの例などが挙げられます。

もともとエステの目的と言うのは「美顔」と「ダイエット」の2つがありました。しかし近年はこのうち「ダイエット」という目的を達成する手段がスポーツジムに置き換わっています。以前は痩身エステというものがたくさんありましたが、結局それでは十分な結果が出ない。痩せるためには運動と食事管理が必要だ、と消費者が気づいた結果、その需要がスポーツジムに移ったのです。

このような需要の変化が起きたとき、株式投資ならば投資銘柄を変えることができます。あるいはフランチャイズ以外の起業、つまり自分のオリジナルのビジネスであればなんらかの対策を打てます。エステであるなら痩身エステは辞めて美顔に特化するとか、思い切ってパーソナルジム的な要素を取り入れてみるなどです。

しかしフランチャイズの場合は、ビジネスモデルは本部が決めることなので自分の意思でこういった調整はできません。そして大規模なフランチャイズほどフットワークは重くなります。

このような市場の変化に自分自身で対応できないというのがフランチャイズの持つリスクの一つです。

### ④世の中の情勢の影響を受ける

コロナ騒動などがまさにこの例です。飲食店経営をはじめたらコロナウイルスの感染拡大でまったく集客できなくなった、というお店は少なくないでしょう。

コロナウイルスに限らず、こういった外部要因の影響を受けることはよくあります。大規模なものだけで考えても2008年のリーマンショックなど、10年スパンで見れば自分にはどうしようもない不況などは起こるものです。

## コントロールできないリスクは少ない

さて、①「立地」、②「スタッフ」、③「ビジネスモデル」、④「世間の情勢」という4つのリスクを紹介しましたが、このうちどうしたって自分でコントロールできないというのは④だけです。他の3つに関しては、多かれ少なかれ努力の余地があります。

先ほどフランチャイズの5年生存率は65%と書きました。これを100%にすることはできないにしても、70%、80%を目指していくことは可能である、というのがフランチャイズ投資・起業のポイントです。

余剰資金を預けるだけであとは勝手にやってほしい、という人はインデックス投資などの方が良いかもしれませんが、自分で戦略を考えることができて、それによって大きなリターンを得たいというのであればフランチャイズ投資がぴったりといえます。

また、何か別の事業を持っている会社が新規事業としてやる場合も、すでにテンプレートがあり、かつメイン事業で培った経営ノウハウやビジネスノウハウを利用して伸ばしやすいという意味でフランチャイズはおすすめです。

# 4 その他の投資と「成功要因」を比較してみる

## 情報格差のない市場で平均に勝つのは難しい

リスクをコントロールできるということは、裏を返せば自分の努力次第で成功確率を上げることができるということです。

何度も書いている通り、金融資産においては自分の努力によって勝率を上げることが難しいとされています。

その理由の一つは、情報です。例えば株式投資の場合、資金さえあれば投資家はどの会社の株も自由に買うことができます。また、この会社の新商品が画期的だから業績が良さそうだ、という情報は誰でも手に入れることができます。もしも、一般の人が手に入らないような社内機密を自分だけが知っていて投資することができれば一人勝ちできるでしょうが、それではインサイダー取引となってしまいます。

このように、金融資産は基本的にはすべての投資家が平等に情報にアクセスできる状態で市場が動くため、平均以上の成績を出すのが極めて困難なのです。

## 情報の歪みを利用できれば勝率は高まる

その一方で、例えば不動産投資であれば良い物件の情報を自分だけが持っている、という状況があり得ます。株式のようにすべての物件が全世界に向けて公開されているわけではないからです。

不動産業者からしても、上客に対して優先的に良い物件を斡旋する方が得をしますから、そういったコミュニティに入ることで「優先的に良い物件を知ることができるから平均以上の結果を出せる」ということは往々にしてあり得ます。

このように、自分は知っているが他の誰かは知らない、という「情報の歪み」がある投資では、その歪みを利用することで勝率を高めることができます。

## フランチャイズは情報の歪みがたくさんある

ではフランチャイズには情報の歪みがあるか、というと非常にたくさんあります。例えば皆さんは、仮にこれからすぐフランチャイズ投資をはじめるとして、どんな業種のフランチャイズがあるのか、何に気をつけてフランチャイズ本部を選べば良いのか、まったくわからないと思います。それがそのまま情報の歪みです。

本書の後半でもそういったノウハウは解説していますが、そうした正しい知識を持てば、平均値である5年生存率65％や、初期費用を3年で回収（年利33％）という数値より良い結果も期待できるでしょう。

## 情報を得るのが最大の攻略法

本書の目的は、フランチャイズ投資のメリットとデメリットを正しく伝えることにあります。良い面だけを伝え、誰しもがフランチャイズ投資をすべきだ、と言いたいわけではありません。

情報の歪みがあるということは、その情報を得るのが攻略法ということです。情報を得るためには、自分でしっかり勉強をすることはもちろん、情報をたくさん持っている人とのコネクションを作ることも大切になってきます。

例えば、実際にフランチャイズで成功している「勝ち組オーナー」たちは、お互いに情報交換をしています。そういったコミュニティに入ることができれば勝率は大きく上がるでしょう。

## アベレージを取るか大勝ちを狙うかは、あなた次第

攻略法を使って大きく勝つ人が存在する市場ということは、当然大きく負ける人もいます。逆に株式投資のように、自分の実力で大きく勝つことが難しい投資では、インデックス投資で市場並みの運用をすることが正解となります。このどちらが望ましいかは、あなたの置かれた環境と投資の目的によるでしょう。

例えば、かつての私のように「いつかは独立したいと思っているサラリーマン」は、株式や債券への投資のみで生活できるだけの収益を手に入れるのは難しいので、フランチャイズを検討する価値があるでしょう。自分が何のために投資をするのか。リスクヘッジをしたいのか、大きく稼ぎたいのか。まずはそれを分析した上で、各投資法のメリットとデメリットを比較して決めることが大切です。

そこそこの初期投資で大きなリターンを狙うためには利回りの大きさが必要ですから、フランチャイズ投資は有力な選択肢となるのです。

# 5 その他の投資と「初期費用」を比較してみる

## 初期費用は株と不動産の中間くらい

他の投資法と比較するにあたって、利回りと並んで重要な要素となるのが初期費用です。

例えば株式等の金融商品であれば、1万円からでも投資をすることが可能です。とはいえ、少額投資では当然リターンも小さくなってしまうため、「銀行に預けるよりはマシだよね」といった意味合いが強くなります。

その点で、不動産の場合は初期投資額が数千万円と非常にハードルが高い投資になりますが、やり方次第でその大部分を銀行融資に頼れるというのが大きな利点です。大企業に勤めているなど、融資審査における属性の良い人であれば、これは大きなメリットになるでしょう。

それらと比較してフランチャイズはどうなのか、という話ですが、フランチャイズと言っても様々な業種、様々な本部があるため一概には言えません。これまで私が見てきたものの中では150万円ではじめられるものから、1億円かかるものまでがありました。

すごくざっくりと言ってしまえば、株などの金融商品よりはハードルが高いが、不動産よりは安いものが多い、というくらいでしょうか。

## 初期費用が低いフランチャイズは投資より起業の性質が強い

具体的にフランチャイズの初期費用の例を見てみましょう。

安いのは店舗を持たない個人事業系です。例えば、依頼者の家に行ってお掃除をする、または便利屋さんのようなサービスを提供するフランチャイズがあります。集客や業務のノウハウをフランチャイズ本部から教えてもらうわけですが、店舗の賃料や自分以外のスタッフの人件費などはかからないので150~300万円程度ではじめることができます。

逆に誰もが名前を知っているような大型のレストランや、24時間型のスポーツジムなどのフランチャイズは1億円近い初期費用が必要なものも珍しくありません。

150~300万円の初期費用であれば、月の利益が50万円だったとしても3~6か月で回収でき、そのあとの売上はそのまま利益になりますから、初期費用の少ない人でもできます。ただし、自分が働くことが前提ですので、投資とは言いづらいやり方です。普通に起業を考えている、とにかく会社を辞めて個人で生きていきたい、という人ならアリでしょう。

逆に1億円の初期投資となると、それなりにうまく経営できたとしても、初期投資をすべて回収するのには5年以上かかるのが普通です。とはいえ、例えば8年で1億円を回収できるとしたら、単純計算で年間1250万円の利益ということですから、そのあとのリターンは非常に大きいものとなります。

## 投資額が大きいほど勝率は高まる

初期費用額が大きいフランチャイズほど、成功確率は高くなる傾向があります。

初期費用1億円のフランチャイズというのは、1億円を払ってでもそこに加盟したいという人が一定数いるから成り立っているわけです。1億円を回収するというのは当然大変なことですが、実際にそれを回収してうまくいっているオーナーがいなければフランチャイズとして広まることはありません。

つまり、1億円に見合うノウハウやブランドを提供してくれるということであり、それはそのままビジネスとして成功する確率に直結します。

一方で150~300万円ではじめられるフランチャイズというのは、仮に失敗しても泣き寝入りしてしまうオーナーが多くなります。もちろん150~300万円も大金ではありますが、ほとんどが個人ではじめる人というのもあって、あまり裁判などにはなりません。そうなると成功率の低いフランチャイズが自然淘汰されづらいということになります。

## 投資としてのボリュームゾーンは1000万円～3000万円

現実的な話として、起業に近い個人事業系統のフランチャイズであれば150万～500万円が初期費用のボリュームゾーンになると思います。

ただ、この本のコンセプトはあくまで「投資」。例えば、年収1000万円以上あるサラリーマンがセカンドキャリアを考えてはじめるとか、会社が新規事業として手を出す、といった観点で考えるのであれば、そういった個人事業系フランチャイズは選択肢に入らないと思います。この場合のボリュームゾーンは1000万円～3000万円くらいでしょう。このくらいの金額を払えるのであれば、フランチャイズ本部の選択肢も多くなってきます。

# 6 その他の投資と「デメリット」を比較してみる

## オーナーとしての手間はかかる

フランチャイズ投資が他の投資と比べて弱いところ、フランチャイズ投資のデメリットについてもしっかりと説明しておく必要があるでしょう。

まず一つは手間です。本書のテーマはフランチャイズを投資という視点で考えてみよう、というものですが、実際にはやはり実業ですから手間がかかります。

店員のように毎日現場で働く必要はありませんが、こまめに現場に行って状況を確認したり、場合によっては責任者と話し合って方針を確認したり、といったオーナー業をしっかりこなす必要があります。

一方、株式投資であれば基本的には買ったあとは放置です。短期トレードであれば細かく値動きを確認したりする必要がありますが、多くの場合そう大きな労力ではないでしょう。

また不動産の場合、管理は基本的に管理会社に委託しますから、自分の手間が生じるのは買うときと売るときくらいと言って良いでしょう。

## 利回りとのトレードオフで手間を軽減できることも

そういう意味ではフランチャイズは一般的な投資と、自分でゼロから起業する場合の中間程度の手間がかかるイメージです。

いちおう、「お金だけを出して、まったく自分は関わらない」ということもできなくはありませんが、その場合の利回りはせいぜい15％程度（十分高いですが）と思っておいた方が良いでしょう。

実際に、サラリーマンの方が副業としてコインランドリー（無人で運営）や幼児英才教育（本部のスタッフに任せる）をフランチャイズで成功させているケースはあります。

特にコインランドリーの場合は、物件を探したり内装を作ったりというところまでフランチャイズ本部がやってくれますから、自分がやることはほとんどありません。利回りとのトレードオフという部分はありますが、ある程度の調整は利きます。

## エグジットのしにくさもデメリットだが……

他の投資と比べた際のフランチャイズのデメリットとしては、エグジットのしづらさ、つまり流動性の低さもあります。

株の場合は売ろうと思えば基本的にいつでも自由に売ることができます。もちろん売値次第での損得はありますが、損切りをしてすぐに現金化する、ということができるのは強みです。債券や仮想通貨なども含め、金融商品は基本的に流動性が高いため臨機応変に資金の出し入れが可能です。

それに比べ、不動産は流動性が低めです。まず買い手が見つからなければ売ることができませんし、価格が高額であるため簡単に買い手が見つからないことも少なくありません。流動性の低さは不動産投資のデメリットとして語られることがよくあります。

ではフランチャイズは、というと不動産よりさらに流動性が低いという特徴があります。

まず、店舗を売却しようとしてもフランチャイズ本部の了解が必要、というケースが大半です。また、売却するということは基本的に収益が出ていないことが多いため、最初に投資した金額を下回ることが多く、不動産以上に希望価格と実際の取引価格とのギャップが大きくなりがちです。

逆に「フランチャイズ店舗の収益を伸ばすノウハウ」を持っている人であれば、うまくいっていないフランチャイズ店舗を安く買って育ててから高く売る、というやり方で収益を上げることも可能になってきます。

## 7
# 「普通の人」が選ぶべき投資先とは？

### 個人なら一般的な投資商品よりもフランチャイズがおすすめ

ではここまでをまとめて、フランチャイズ投資がおすすめと言えるのはどんな人かをお話しします。

もちろん、ここまで書いてきたことと自分の投資目的を比較して考えていただくのが一番ですが、私の考えるおおまかな傾向について解説しますので、参考にしていただければと思います。

端的に言えば、個人で利益を出そうとしていて、かつ実業に抵抗がない人は一般的な投資手法よりもフランチャイズ投資の方が良いと思っています。

逆に、大手事業法人や金融機関がうまく資金を運用したいと考えるなら株式等の一般的な投資商品の方が良いかもしれません。

## 一般的な投資のセオリーは大資本を持つ企業のためのもの

基本的な投資というのはこれまでに説明してきた通り、利回りを平均より極端に大きくすることは困難です。例えば株式投資なら期待値5～7%というのは変わりません。

ではどこで収益に差が出るかというと、簡単に言ってしまえば投資額です。1000万円を5%で運用しても年間5万円しか稼げませんが、1億円を5%で運用すれば500万円の利益が出ます。

「投資の教科書」的な本に書いてある様々なセオリーというのは、基本的にこのような大きな金額を運用できる人、つまり大手事業法人や金融機関での戦略に基づいています。それを普通のサラリーマンや、一般的な収入の人がマネしても、大きく稼ぐことはできません。

よく「長期・分散・積立」と言われますが、個人が毎月5万円を年利5％（複利）で20年間積み立てた場合、元金1200万円に対して、発生する利息は約620万円です。銀行に預けておくよりはるかにマシですが、例えば「近い将来に独立して自由な生活をしたい！」とか、「会社が倒産しても問題ない副業収益にしたい」と考えるのであれば、まったく足りない数字でしょう。

## 長期・分散は十分な収益を生めるようになってから

自分の資産をどのような対象に分散するかを意味する「アセットアロケーション」の考え方においては、たいてい預貯金・債券が含まれます。しかし、前にも書いた通り預貯金・債券のリターンは国内・国外（先進国）共に超低利回りとなっており、お金を稼ぐという意味において本来投資する価値のない商品です。

なぜ意味のない債券が多くのアセットアロケーションの例や、投資信託の商品として入っているのか。それは、その元となるセオリーが「一般的な収入の個人が稼ぐため」ではなく「大資本を持つ企業が余剰資金を効率的に運用するため」に考えられているからに他なりません。

すでに使い切れないくらいの十分な収入のある人であれば、こういったリスクヘッジに重点を置いた運用をしても良いでしょうが、そんな人はほとんどいないはずです。まだ収益が十分でないのであれば、リスクヘッジは最低限にとどめ、「まずどうやって収益を伸ばすべきか」を考えるべきではないでしょうか。

# 第2章

# 私はいかにしてフランチャイズ投資で成功したか

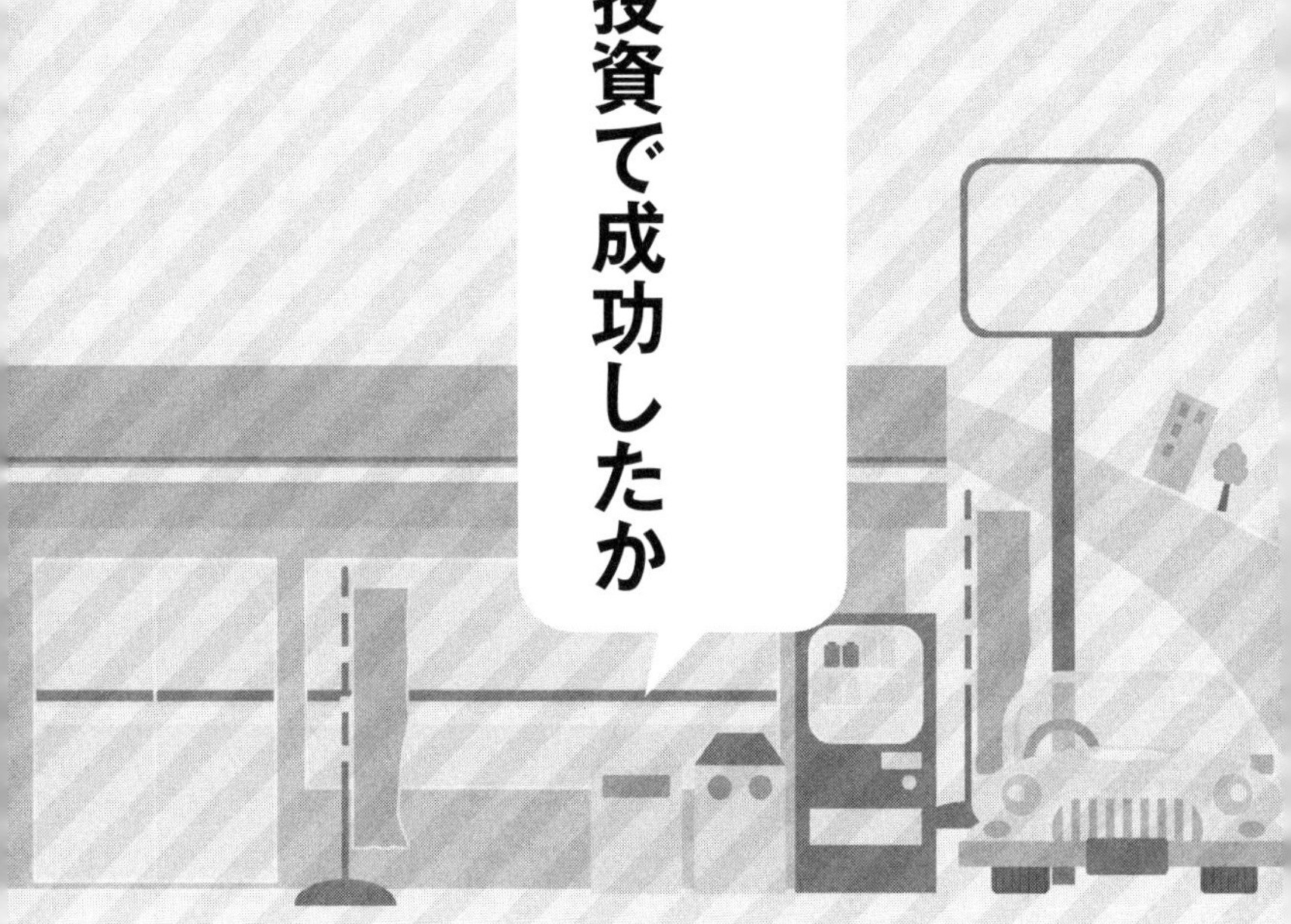

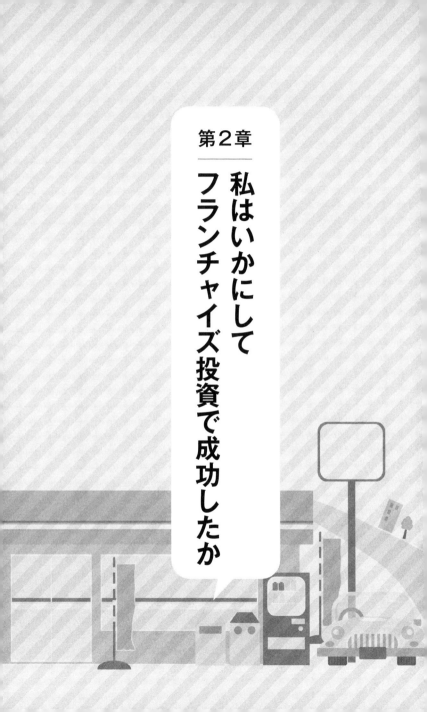

# 1 エリートサラリーマンなら「安心」か？

## 東大から銀行のエリートコースを歩んだはずが……

ここからは、私がどのような考えからフランチャイズ投資をはじめ、ここまでくるためにどんな戦略を実行してきたのかを、当時のエピソードとともにお話ししていきたいと思います。

私が大学を卒業し、新卒で入社したのは住友信託銀行でした。ときはバブル時代。東大を卒業して銀行に就職、というのはいわゆる「エリートコース」の代表格。これで人生安泰だと、自分自身も思っていました。

就職したのは１９９０年、日経平均が最高値３８９１５円をつけたのが１９８９年のことです。不動産価格もほぼ最高値となっていました。入社後しばらくは株も不動産もちょっと調整局面だけれど、またすぐ上がると周囲は言っていたものです。

ところが、その後どうなったかは皆さんがよくご存知の通り。バブルがはじけ、株も不動産も長期にわたり下がりに下がりました。１９９７年には山一證券が経営破綻、１９９８年には長銀・日債銀が経営破綻と、もう日本の金融はダメなのではないかという空気が世の中に満ち溢れていました。

## 外資金融に転職するもリーマンショックで再ピンチに

そんな中、一つ目の転機は２０００年。上司に誘われる形で、外資金融に転職をしました。

転職先の英銀は当時急成長の最中で、２００７年には総資産で世界首位に立ちました。東大↓日本の大手銀行↓世界首位の外資金融、と順調すぎるステップアップをしているように見えますが、その翌年の２００８年、状況が大きく変わります。リーマンショックが起きたのです。この世界的な不況の煽りをもろに受けた結果、私の会社は世界首位の総資産から一転、倒産の危機にまでなりました。

私が在籍していた日本支部ももちろん大幅に業務縮小。同僚たちは次々に会社を去っていきました。そして２０１３年、その弾はついに私に当たり、私は転職を余儀なくされました。

幸運なことに仏銀に再就職ができたのですが、当時私はすでに46歳。これは外資系金融のフロントオフィスではすでに「高齢者」。この年齢で、しかも前職を追い出される形で転職してきた私が「出世ルート」に乗っているわけもなく、今後の自分のキャリアはこれで良いのだろうか、と頭を悩ませる日々でした。

## 怪しげな連絡からフランチャイズの世界へ

そんな折に、フェイスブックで友人の友人（つまり、知らない人）から連絡をもらいました。フランチャイズを投資と位置付ける研究会を行うから、それに参加しないか、というのです。

こう書くと怪しい誘いですが、その共通の友人に訊ねたところ、悪い人ではなさそう、ということで話だけでも聞くことにしました。

そこからの試行錯誤についてはこのあとお話するとして、結果としては私は2015年、1年間の起業準備期間を得て、フランチャイズオーナーとして独立しました。現在は5店舗を経営し、月商は1300万円になっています。

## 一見安定した仕事を得ても、本当の安定は得られない

このエピソードから私がお伝えしたかったのは、一見安定した仕事だと思っていても、自分にはどうにもならない外部要因によっていくらでも仕事を失ったり、思う通りのルートを歩めない可能性があるということです。

私の場合はリーマンショックでしたが、今回の新型コロナウイルスの感染拡大に

よって仕事や収入に影響が出た人もいるでしょう。さらには、終身雇用制度の崩壊、年金制度に対する不安など、私のころよりさらに多くの不安がある時代だと思います。「会社員としての収益だけで老後まで豊かに暮らしていける」という人がどれだけいるでしょうか。

## フランチャイズは本当の安定を手に入れる近道

ではどうすれば安定した人生を作れるのか。それは自分で稼ぐ力を手に入れることです。そしてできることなら、複数の収入源を持つこと。

そう考えたとき、フランチャイズというのは、すでに成功しているビジネスモデルを貸してもらえるという仕組みですから、比較的手軽に「自分で稼ぐ」を実現する仕組みといえます。

もちろん、簡単に成功できるというわけではありません。第1章で解説したような様々なリスクがあり、それを少しでも減らすための工夫が必要です。

しかし、逆に言えばそういった「フランチャイズを成功させるコツ」さえ掴んでしまえば、「コンビニを経営する方法」「飲食店を経営する方法」といった根本的なビジネスモデルは本部のものを使うことができますから、様々な業種に展開することができます。

事実私は今、スポーツスクール系とフィットネス系という2つのフランチャイズに加盟して店舗運営をしています。さらに3つめとしてリラクゼーションをはじめます。こうやって徐々に様々な業種にチャレンジしていくことで、「コロナのせいでこっちは少し厳しいけど、逆にこっちは順調だね」という形でリスクヘッジをすることができるのです。

## 2 フランチャイズなら「安心」か？

### 頭が良いだけではダメだった

話を戻しましょう。私は誘われたフランチャイズ投資研究会に参加しました。集まったメンバーは50人。金融系の人や不動産投資を行っていた人が集められたようで、私に声がかかったのもそれが理由だったようです。

そのような基準で選ばれていたせいか、いわゆる「まともな人」が多かったように思います。頭もよく仕事でも結果を出している人が多かったので、自分たちがしっかり知恵を出し合って研究すれば、きっとうまくいくだろう、という思いがありました。

ただ、結果からいうと、すぐにはうまくいきませんでした。まず50人のうち実際にフランチャイズに加盟したのが35人。そのうち、しっかりと収益を出して軌道に乗せられたのは半分強でした。

先ほど、フランチャイズの5年生存率は65％程度だと言いましたが、それと比べても決して高い数字とは言えません。

## 教科書では教えてくれないノウハウが必要

みんな、地頭も良く、ビジネスのこともある程度わかっている人たちなのに、なぜ成功率が高くなかったのか。

単純にいえば、フランチャイズ経験がなかったから、教科書通りにフランチャイズ選びをしたからということになると思います。

教科書は知識を与えてくれますが、フランチャイズの世界が持ついろいろな側面、裏から見た景色を教えてくれるわけではありません。教科書を理解し、教科書通りにフランチャイズ本部を選ぶということは、フランチャイズ投資を成功させる必要条件であっても十分条件ではなかったということです。

当たり前の話ですが、フランチャイズ投資・起業を成功させるには、フランチャイズのことを知っている必要があります。さらに第1章でお話したように、自分がオーナーとしてそれなりの労力をかける必要があります。それを怠っていてはうまくいかない、ということをそのとき学びました。

## 成功に必要なX軸とY軸

フランチャイズ投資・起業を成功させるには、フランチャイズ本部の持つノウハウ、ビジネスモデルの力がもっとも大切ですが、同じようにオーナーの持つ知識や能力も大切な要素です。

ビジネスモデルをX軸、個人の能力をY軸として4象現で考えるとわかりやすくなります。

まず右上の象限は、ビジネスモデルが優れていて個人の能力も高いというパターン。これは当然成功します。数年で初期投資額を回収し、株式や不動産を大きく上回る利回りを得られるでしょう。

右下の象限はビジネスモデルは優れているが、個人の能力は低いというパターン。ここの象限で成功するかどうかは業態にもよります。コインランドリーのようにそもそも属人性の低いビジネスモデルであればそれでもうまくいく可能性が高いですが、多くのスタッフを雇ってそれをまとめあげなければならないような店舗型ビジネスの場合は、ビジネスモデルそのものが優れているとしてもなかなか成功しないでしょう。

左下の象限はビジネスモデルがそもそも良くない上に、本人の能力も低いというケースです。これはうまくいくわけがありませんね。基本的には良いビジネスモデルだからフランチャイズとして売り物にできるわけですが、正直なところ、中にはお粗末なビジネスモデルでフランチャイズをやっている本部も存在していますから注意が必要です。そういった本部に加盟しないための、フランチャイズ本部の選び方については第3章以降で詳しく解説します。

## Y軸はあとから伸ばしていける

ただ、自分の能力が高ければビジネスモデルが優秀ではないフランチャイズ（左上の象限）だったとしてもうまくいくことはあります。

さらに重要なのは何店舗かフランチャイズをやっていくうちに、この自分の能力というのは高くなっていくということです。

X軸の右側、つまりビジネスモデルが優秀であったり、本人の能力に関わらずうまくいくフランチャイズというのは初期費用が高額なことが多いのですが、はじめのうちはそういったフランチャイズで確実に利益を出しながら、自分の能力を伸ばしていくことで、将来的には比較的左よりのフランチャイズでも成功できるようになるでしょう。

## 成功に必要なX軸とY軸

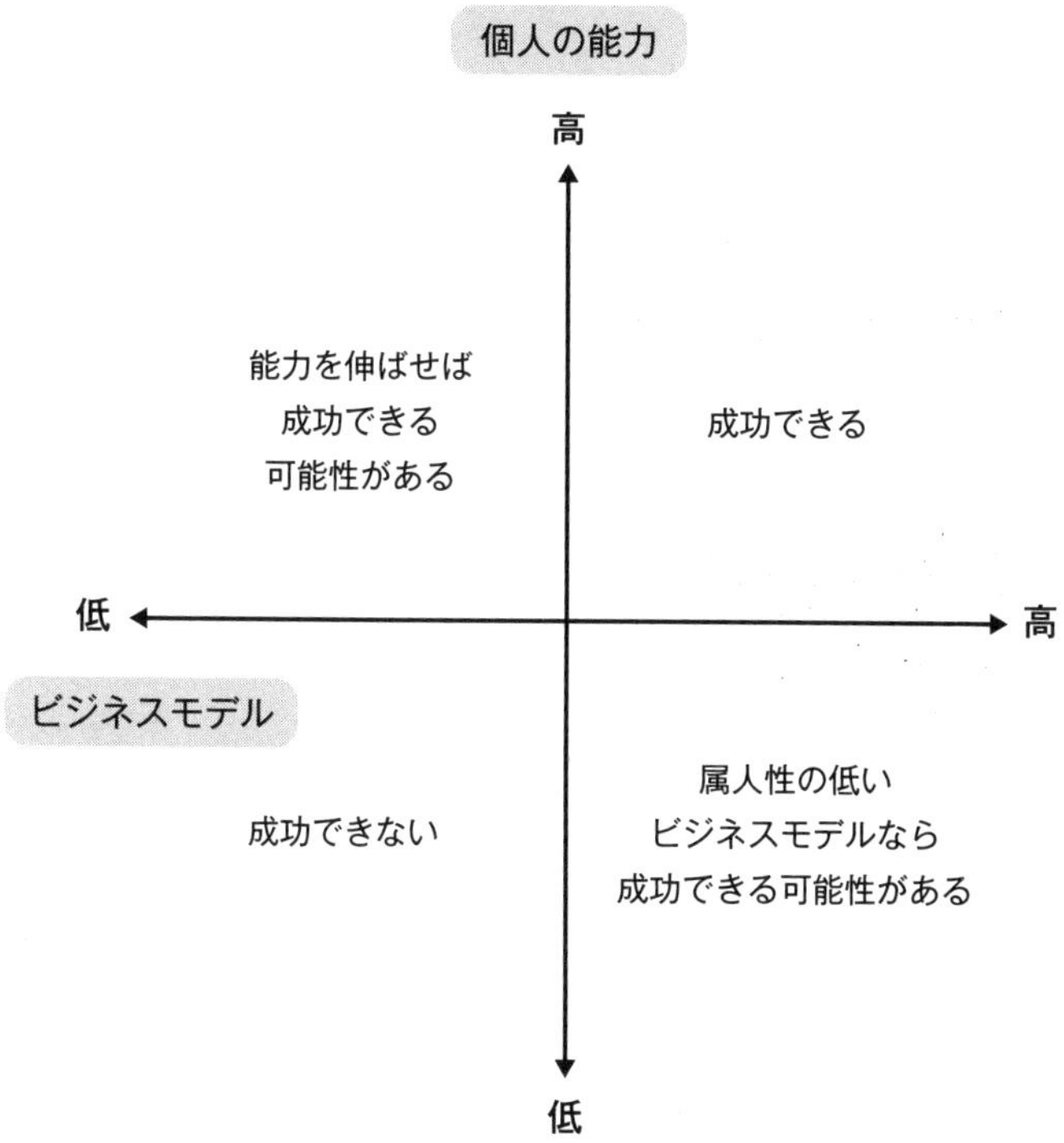

# 3 オーナー業は肺炎でも入院できない激務!?

## 私も最初はうまくいかなかった

私自身も実際にフランチャイズに加盟し、事業をスタートさせたのですが、やはり簡単にはうまくいきませんでした。

まずはじめたのはスポーツ教育系の事業だったのですが、単純に言うと本部から提示されていた予想収支にまったく及ばなかったのです。

フランチャイズに加盟するかどうかを検討する際、本部からは「だいたいこれくらいの時期にこれくらいの収支が出るはずだ」というシミュレーションの数値が渡されます。

私の場合は、最初の1か月で30人の会員（顧客）が集まるという予測でした。しかも担当者には「通常よりもオープン前販促を頑張っているので、最初の3日間で40人ほど集まると良いですね」などと言われていたので、30人は固いのではないかというムードでいました。

販促、というのは具体的にいうとオープン記念イベントのことでした。そこで一気に30人近く集客できるのでは、と思っていたのですが、実際に入会してくれたのは40人どころか、わずか7人。いきなり出鼻をくじかれた形でした。

## 本部側が提示した情報を簡単に信じてはいけない

なぜ事前の分析通りにいかなかったのか？　当時は考えても答えが出ませんでしたが、経験を積んだ今ならわかります。

最大の原因は「商圏」の分析が甘かったことです。商圏の重要性については第3章で詳しく解説しますが、ここでお伝えしたいのは、本部側が提示した表面的な情報を簡単に信じてはいけないということです。

商圏の分析というのは簡単に言えば、その店舗の周辺にどれくらいの人口や世帯数がいるか、ということです。年齢別の人口を把握することで店舗の商品が街に合いそうかどうかを検討したり、10年後や20年後の人口構成がわかります。近隣の商業施設がどこにあり、競合店がどこにいくつくらいあるのかなどを出店前に分析することで成功確率を判断する必須の作業です。

もともと本部に教えてもらったデータでは、私が出店した場所の周りには十分な人口があるというものでした。他の店舗のデータなどから、周囲の人口の○%が会員になってくれるから初月30人は期待できる、と提示されたのです。

## 表面的なデータではわからない細かな分析が大切

しかし、実際に人口は十分だったのですが、これでは商圏分析としてまったく不十分だったのです。例えば、店を中心に半径1キロメートルの円を書くとして、まず線路で商圏がばっさり分断されていました（周囲に踏切がない）。また、かなりの面積を占める場所から店に向かってかなりきつい上り坂になっていたのです。いくら人口があっても、上り坂を登った先にある店にはなかなか足を運びません。同じように店と家の間に川があるだけで、心理的に商圏としては遮られます。

こういうケースはいくらでもあります。都心から少し離れた郊外などでは、昼間はみんなが都内に仕事に出かけているので昼間人口と夜間人口がまったく違う、といったこともあります。この場合当然、データ上の人口（これは、そこに住んでいる人の人数ですから夜間人口です）を信頼して昼間に集客しなければならないビジネスをやっても、うまくいきません。

そのような細かな分析をする力が当時はなかったので、表面的なデータに踊らされてしまった、というわけです。

## 2店舗目・3店舗目を出店するもトラブル続き

そんな形で1店舗目は赤字スタートでした。

ただ、もともと複数店舗の出店を考えていたため4か月後には2店舗目を出店。こちらは幸運にも順調な滑り出しだったのですが、1店舗目の赤字が大きかったので軌道に乗せなくてはということで自分の時間を使いました。

また、同時期にフィットネス系の別のフランチャイズに加盟して3店舗目の運営をスタートしました。するとこちらも重要情報を見落としていたことから最初はトラブル続きだったのです。スタッフが身体の不調を訴えたこともあり、自分がしっかりしなくてはと自分にムチを入れなくてはならない状況でした。

その結果、過労がたたったせいか私自身も体調を崩し、独立6か月目に39度超えで寝込み、回復したと思ったら2週間後にインフルエンザでまた39度超え。そこから4か月後、夏にもかかわらず肺炎と診断されました。入院をすすめられましたが、店が心配で入院などできるはずもありません。薬でごまかし、仕事を続けました。

そんなとき、なんと1店舗目の店のスタッフから退職したいと相談が……。

## トラブルを乗り切れたのはフランチャイズだったから

店を運営するときに自分で1から立ち上げた場合、急にスタッフが長い病気で入院したり、退職となったときに、困るケースがあります。

私の場合も前述のように困った状況に陥ったのですが、本部がヘルプを回してくれて、店の運営を続けることができました。フランチャイズで良かったと思った出来事です。

もちろんいつまでもヘルプに頼るわけにはいかないので、新しいスタッフの求人をするわけですが、それについても本部の求人に応募してきた人を私の店に紹介してくれました。これもフランチャイズのメリットです。

求人広告を見ている人からすると株式会社古川（そんな会社、聞いたこともないわ！）の求人には応募したくなくても、名前が通っているフランチャイズの求人であれば、有名なグループで仕事ができるということで応募のハードルが下がります。結果スタッフを自分オリジナル店で求人するより簡単に確保できるということになるのです。

# 4 フランチャイズはブラック産業なのか？

## オーナーはていの良い従業員？

このように過労が続いた模様を書くと「やっぱりフランチャイズは……」と思われた方もおられるかもしれません。

テレビのニュースなどでも、フランチャイズオーナーが過労で倒れたりする「働かせすぎ問題」が報じられることがあります。夫婦で経営しているお店で、ヘトヘトになるまで働かざるを得ず……というやつです。

お客さんからは同じ会社と見えていても、実際にはフランチャイズ、ということはよくあります。その違いは何かといえば、フランチャイズであれば契約上は1店舗1店舗は別のオーナーがいる別の会社であるということ。

非フランチャイズであれば、店長も「従業員」ですが、フランチャイズオーナーはそうではありませんから、労働基準法が適用されません。それを良いことに、本部から本部の従業員と同じように働かされていても労働時間などに制限がない、つまり本部にとって「ていの良い従業員」なのではないか、そんな風に考える人もいます。

## ブラックな側面がないと言えば嘘になる

私はフランチャイズ本部の人間ではなく、あくまでオーナーです。これは非常に重要なことで、世の中にフランチャイズの仕組みを説明したりフランチャイズをおすすめするコンテンツは数多くありますが、その中の多数がフランチャイズ本部、もしくは本部と利害関係にある人が作ったものです。

フランチャイズ本部というのは、加盟するオーナーが増えれば増えるほど利益が上がるのが通常です。もちろんそれ自体は本部とオーナーが win-win になるビジネスモデルなのですが、オーナー募集の加盟開発営業となればオーナーを増やすために多少話を盛るということがないとは言えないのが現状です。

少なくとも、本部が自分から自分たちの営業に不利になるような情報を公開できないのは当たり前ですし、その本部と利害関係がある人、例えばその人を通して加盟オーナーが増えたらその人にインセンティブが入るというような契約をした上で、フランチャイズの啓蒙活動をしている人もいますが、そういう人もフランチャイズ本部の悪いところを説明するのは難しくなります。

その点、私は完全に中立、というよりむしろオーナー寄りの視点の人間です。当たり前ですよね。自分がオーナーなのですから。

なので、フランチャイズ本部が世間でイメージされるようなブラックなものなのか、ということについても正直に話せば「そういう側面もあるな」と思います。

## 情報の歪みがここにもある

まず、大前提として持っている情報の量が違います。

長年フランチャイズオーナーを続け、すでに何店舗も経営している人なら別ですが、これからフランチャイズをはじめてみようという人は、当然フランチャイズに関するノウハウや情報をあまり持っていません。

それに対して本部はあらゆる情報を持っていて、どれを見せるか、どれを見せないか選べるわけです。

株であれば法律で「それぞれの会社は投資家のためにこういう情報を出しなさい」というルールがありますが、フランチャイズにはそれがありません。それは情報の歪みであり、勝ち組になれる要因でもありますが、同時に自分がハマってしまえば大変なことになります。

## 実際に勝ち組オーナーはいる

一方で、フランチャイズを利用することで、過労になることもなく大きく稼いでいる勝ち組オーナーもたくさんいます。

私自身も、今では店舗を5店舗に増やし、最初は赤字だった店舗も毎月黒字を計上できるようになりました。

繰り返しますが、大切なのはX軸が右にある本部を見抜く力とY軸、すなわち自分の能力を伸ばすという視点を持つことです。

# 5 フランチャイズオーナーがやるべき仕事とは？

## ご近所さんとのコミュニケーションは大切

私が1店舗目を赤字から黒字に変えることができたのは、商圏分析の甘さに気づいて、それを補うような施策を打てたからです。

具体的に何をしたかと言うと、オーナーである私自ら商店街に加入して近隣の店舗さんに挨拶をしたり、駅前でポケットティッシュを配ったり、ということをしました。

お客さんが働いているお店で買い物をしたり、一緒に食事をしたり、また近隣の他フランチャイズオーナーさんに挨拶して情報交換をお願いすると、地域で先行してビジネスをしている人だからこそ知っている情報を教えてくれたりもします。

店に行くときにはどこかで食事をします。お弁当を買うのではなく、近隣の飲食店を利用させてもらう。できれば複数の人数、できたら団体で利用させていただく。すると、相手も人間です。「古川さん、いつも来てくれてるし、食事会でも使ってくれるし、だから古川さんのお店を宣伝してあげるよ！」という感じで紹介ベースでお客様が増えていったのです。

## 自ら動けば経営者としての学びがある

そしてこういう活動は5店舗を軌道に乗せた現在でも重要な活動だったと思っています。

大企業が経営の多角化のためにやるというのであれば、もちろんそんなことをやるのは非効率でしょう。しかし個人が社長となって経営していくなら、自ら動くというのは非常に大切なことだと思っています。

まず、私の場合はビジネスの仕組みなどを知識として知っていても、経営者としては新人だったわけです。自分が手を動かすことで、人々がどんな気持ちでお客様になってくれるのか、その地域でどんなお店が愛されているのかを知ることは非常に大切な経験でした。

あくまでも経営者、オーナーですから、自分が何か直接サービスを提供するわけではありませんが、様々な場面でコミュニケーションを取ることでY軸のビジネス力を上げていくことができると思っています。

## スタッフとのコミュニケーションも大切

もうひとつ本当に大切なオーナーの仕事が、スタッフとのコミュニケーションをしっかりと取ることです。特に、自分が現場仕事を極力しない投資型の運営のときこそ、スタッフとの間に信頼関係が必要となります。

業態にもよりますが基本的にスタッフにとって店の売上や利益というのは他人事で

す。これはフランチャイズがどうこうという話ではなく、大半のアルバイトやサラリーマンの人はそうですよね。自分が一定時間働いて、それに対する対価をもらうことが重要であって、店の利益どうこうは経営者が考えること、と思っている人が多いでしょう。

もし店が赤字であってもそれはオーナーが被るのが当然だ、とみんな考えています。もちろんそれは間違っていないのですが、その一方で店が明らかに順調で利益が出ていることが伝わると「俺たちが頑張ったおかげでそんなに儲かっているならもっとスタッフに還元しろよ」と思う人が一定数います。

理屈で考えれば矛盾しているのですが、とはいえ人間というのはそんなもの。自分だって雇われている立場なら同じように思うかもしれません。

## スタッフのモチベーションが勝負を分けるカギになる

じゃあどうするか、といえば待遇をしっかりするのは大前提として、モチベーションを維持するような仕掛けが必要になります。例えば主要なスタッフと食事に行ったりして、こまめにどんな悩みがあるかチェックするだけでも変わってくるはずです。また、「オーナーの目が常に光っている」と思われているかどうかで、スタッフの動き、売上が目に見えて違ってきます。

数字の分析などの経営判断ももちろん重要ですが、そういったところはフランチャイズ本部のサポートを受けられる分、通常の起業に比べれば重要度は低く、それよりももっとウェットな人間関係の部分をしっかりと詰めていけるかどうかが案外勝負を分けるカギだったりします。

## フランチャイズ本部とのコミュニケーションも忘れずに

本部の経営層やSV（スーパーバイザー）と対等に話せる、仲良しであるということも大切です。

何かあるたびにかみついてくるオーナーはうっとおしいもの。親身にサポートする気になるでしょうか。

例えば良い立地を本部が見つけたときに、どのオーナーに提案してくるでしょうか？　信頼できる（仲のいい、成功させてくれそうな）オーナーに提案しますよね。

私は本部と良好な関係を作ることは成功の大切なファクターだと考えます。「みんなでキャンペーンをやりましょう！」と言われたら参加しますし、イベントに人が必要そうだったら人を出します。ＳＶが臨店（お店に訪問）するときにはなるべく顔を出してコミュニケーションを図ることにしています。

# 6 フランチャイズ投資の極意は「コピペ経営」にあり

## フランチャイズのメリットは多店舗展開で生きてくる

ここまでの話を聞いて、投資というには実業の割合が多すぎるとか、結局ただの起業じゃないか、と思われる人もいるかもしれません。

確かに、フランチャイズ投資という言葉の意図は、初期投資と利回りに換算して考えた場合に普通の投資をやるよりフランチャイズで起業をする方が割が良いのではないか、という着想からきていますから、間違ってはいません。

ただ、通常の起業とは違うフランチャイズの大きなメリットは、2店舗目以降の経営にあります。フランチャイズはもともとビジネスモデルが固まっているので、1店舗目を軌道に乗せて、オーナーとしての自分の立ち回りさえ理解してしまえば、まったく同じやり方でどんどん店舗を増やしていくことができるのです。

1店舗目より2店舗目は簡単に成功しますし、3店舗目になればもっと簡単になります。もちろん立地などはまったく同じではないので100戦100勝とはいかないかもしれませんが、基本的には勝率もどんどん高くなっていきます。

1店舗目の経営の際はお金以外に自分の労力を多く注ぐ必要があるため、起業の意味合いが強いですが、2店舗目以降、コピーアンドペーストを繰り返すように店舗を増やすことができるようになれば、自分が注ぐ労力はどんどん少なくなり、純粋に投資と利回りの世界に近づいていきます。

## 他業種展開も通常より簡単

また、「フランチャイズを成功させるためのノウハウ」を手に入れることができれば、他業態のフランチャイズでもうまくいく確率が高まります。

フランチャイズを成功させるためのノウハウとは、どんな本部が良いかという目利きであったり、オーナーとしての能力といったY軸の部分を指します。

こういった部分は、まったく違う業態であってもフランチャイズである以上共通する成功法則ですから、例えばフィットネスジムのフランチャイズでうまくいったあとに、飲食店のフランチャイズに加盟して経営するという取り組みも、非フランチャイズからの異業種参入に比較して成功しやすくなるのです。

## 他業種展開するかどうかはリスクヘッジの必要性で決める

他業態の経営に挑戦する目的は、主にリスクヘッジです。何かの原因で元の業態全体が不況に陥った際に、別の業態があれば利益を守ることができます。

例えば、個別指導塾といった業態は5年後10年後も市場需要は変わらず存在すると予想できますから、いったん成功してコツを掴んでしまえば、あまり他業態に進出する必要性は大きくありません。同じ個別指導塾の店舗をどんどん増やしていっても問題は少ないでしょう。

一方でタピオカ屋という業態ではどうでしょうか。うまくブームに乗って利益を出せたとしても、５年後10年後のことを考えれば苦戦する可能性が高そうなのは誰でもわかると思います。

したがって、タピオカ屋の店舗を３つ、４つと増やすよりは、今あるタピオカ屋が利益を出しているうちに別の業態のフランチャイズに挑戦しておいた方がリスクが低くなるということになります。

## コピペ経営で実業から投資の世界へチェンジする

そしてそのとき、仮に個別指導塾やフィットネスジムをやるということになったとしても、タピオカ屋を（フランチャイズという形で）経営していたノウハウを活かすことができる、というのがフランチャイズの強みなのです。

同業態を深掘りして多店舗展開していくのか、様々な業態に広く手を出すのかはこのようにケースバイケースですが、いずれにしても、一度成功してノウハウを手に入れてしまえば比較的容易に店舗を増やしていく「コピペ経営」ができるというのが、フランチャイズの大きなメリットです。

コピペ経営で4店舗、5店舗と持っているころには自分自身がそこに割く労力も減っていて「実業」の世界から「投資」の世界に近づいていることでしょう。

# 第3章

# フランチャイズ投資のアクションプラン

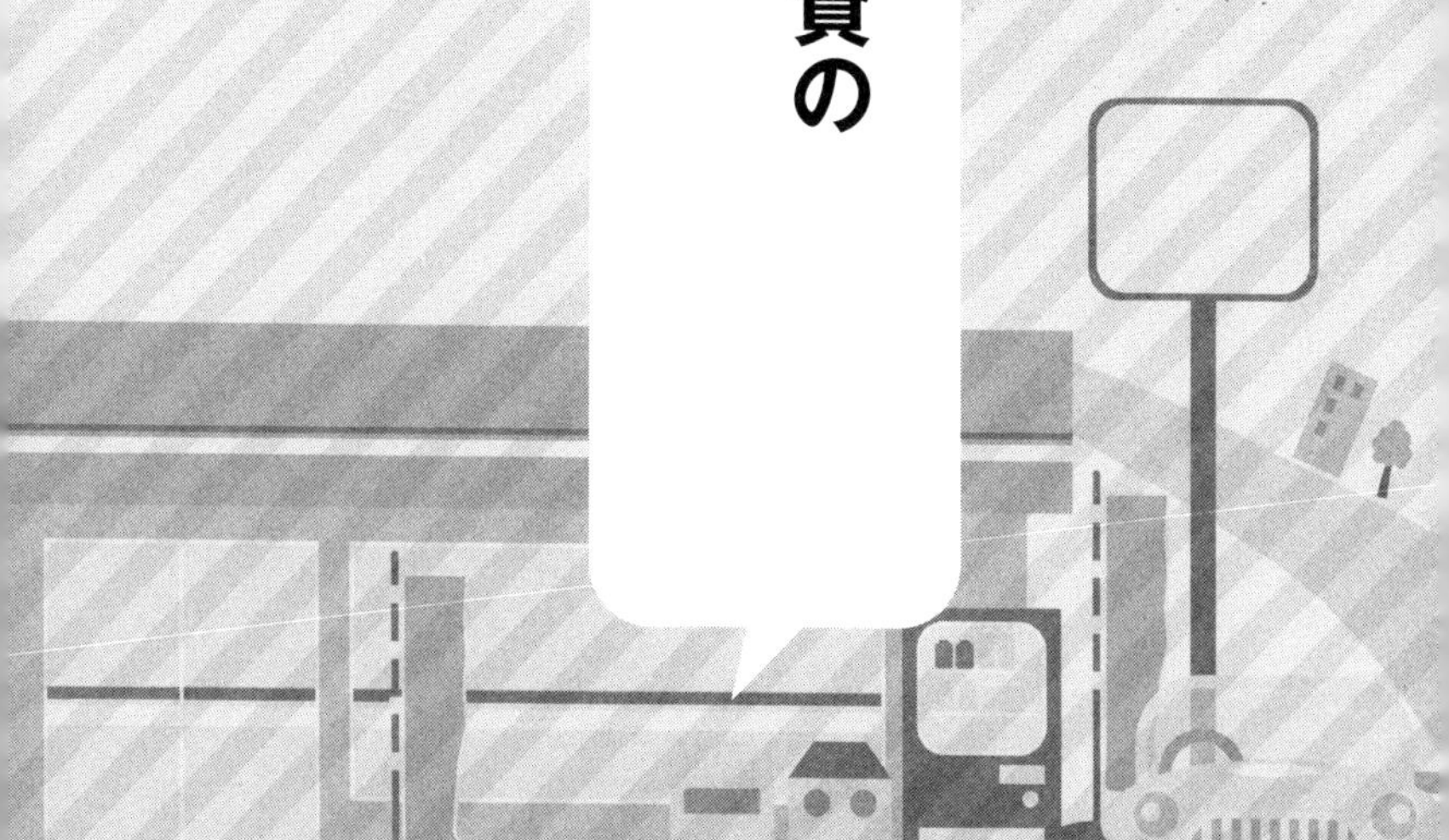

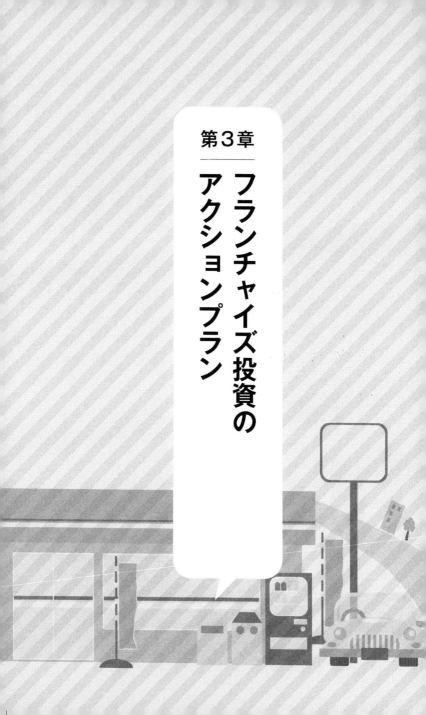

1

# フランチャイズに興味を持ったら まずやるべきこと

## まずは「まとめサイト」を見てみよう

ここまでの内容を見て、具体的にフランチャイズの始め方や注意点について学んでみたいと思ってくださったと思います。ここからはそんな人がこれから取るべき具体的なアクションプランについて解説していきます。

まずは当たり前ですが、どのフランチャイズ本部に加盟するかを決める必要があります。そのために「どんなフランチャイズがあるのか」情報収集をしましょう。

調べるための方法として、まずはまとめサイトが役に立つでしょう。インターネットで「フランチャイズ　まとめ」などと検索すれば、いくつかのまとめサイトがありますから、そこに登録して、メルマガを読むなどしてみましょう。きっと「え、いつも目にするあのお店もフランチャイズだったの？」とか「こんなフランチャイズがあるのか！」というものがたくさん見つかると思います。

気になった本部があれば資料請求をすることもできます。今、まったくフランチャイズの知識がないという人も、しばらくそうしているうちになんとなくどんな世界か見えてくると思います。

また、メルマガは基本的に「こんなフランチャイズがありますよ」といった内容ばかりですが、たまにフランチャイズツアーの募集があったりします。そうしたツアーに参加すると、実際にフランチャイズ本部の人から実店舗を見せてもらったり、少人数で本部の人にいろいろと話を聞けたりします。中にはツアー参加の交通費を負担してくれたり、参加者にクオカードをくれたりするフランチャイズもあります。

## フランチャイズフェアに参加するのもおすすめ

まとめサイトの次にぜひ活用していただきたいのが、年に何度か開催されるフランチャイズフェアです。もっとも大きいのは年に1回、日本経済新聞が主催するフランチャイズ・ショー。それ以外にもいろいろなフランチャイズおまとめサイトなどが「新規事業立ち上げ」「独立開業」を検討する人向けに飲食・サービス・小売のフランチャイズ本部やフランチャイズサポート業者を集めて、情報交換から加盟相談まで可能な展示会やイベントを開いています。

一度に様々なフランチャイズ本部の話を聞いて比較することができるので、足を運んでみるといいでしょう。

## 本部のいうことを聞いていれば素人でも開店まではできる

フランチャイズの基本的なメリットは、ビジネスモデルがはじめから用意してあることですが、運営開始までに必要な手続きなどのサポートをしてくれるというのも地味ではありますが初心者には助かるところです。

例えば、資金調達や税理士にどう頼めばいいか、というのは会社勤めをしている人にとっては未知の世界だと思いますが、こういった作業も基本的には本部が「この資料を用意してください」といった具合で指示をしてくれます。また、初期費用を銀行等からの資金調達で賄うこともできますが、そのときの事業計画書も本部の方で作ってくれます。

当たり前ですがフランチャイズ本部というのはこういった起業のサポートに慣れていますし、銀行側からしてもすでに前例があるビジネスのフランチャイズの方が回収を見込みやすいため、個人でゼロから起業するよりも資金調達しやすくなります。

つまり、この本部にしよう、と決めれば実際にお店を出すところまでは基本的に本部の指示に従っているだけでできてしまいます。ここは個人で起業する場合と全然違って、かなり助かる部分です。

とはいえ「本部の言いなりで良いのか？」「そもそもどの本部を選べば良いのか？」という問題は当然あります。なんとなく資料に書いてあることが良さそうだからここにしよう、などと考えていては成功率は高くなりません。

ここからはフランチャイズ本部の選び方について解説していこうと思います。

# 2　集めた情報は精査しよう

## 情報を鵜呑みにしてはいけない

まずは先ほど紹介したような情報収集をするにあたって注意してほしいことを解説します。それは「情報は大事だが、簡単に鵜呑みにしてはいけない」ということです。

まとめサイトを見たり、フランチャイズフェアに行って情報を集めることは大切です。ぜひやってみてください。けれど、まとめサイトにも、フランチャイズフェアにも、利害関係というものがあります。

一番わかりやすいのは、先ほど書いた「フランチャイズツアーに行くとクオカードがもらえる」という例です。なぜただ話を聞きに行くだけでお金をもらえるのかといえば、そうやって集客をすることで儲けることができるからに他なりません。

どうやって儲けるのかといえば、ツアーに来た人の何人かが契約をして加盟金を納めることによって、です。

## 本当にニュートラルな立場からの情報は少ない

フランチャイズ本部は、加盟店からの加盟金・ロイヤリティで稼ぐのがビジネスモデル。まとめサイトにせよ、フランチャイズフェアにせよ、それはあくまで「集客のための広告」です。

もちろん、本部が嘘ばかりついているというわけではありません。しかし何か広告を出すときに「うちの商品は他社の商品に比べてこんな弱点がありますよ」などという会社はありませんよね。

例えばまとめサイトやメルマガには「ニュートラルな立場から紹介している」と書

いてありますが、なかなかそうはいきません。まとめサイトやツアー主催者からすれば、フランチャイズ本部は「広告主」であり、クライアントです。ニュートラルな立場から、オーナー側の視点で情報をくれるというのは構造的に難しいのです。

また、おすすめのフランチャイズランキングのようなものを見かけることがありますが、あまり言いたくありませんが、信頼度にはクエスチョンマークがつきます。

## 自分の頭を使って判断をすることが大切

こんな風に聞くと、そんなまとめサイトやフェアを見ても、ただ騙されるだけでマイナスなのではないかと思われるかもしれませんが、そうではありません。まとめサイトにしてもフランチャイズフェアにしても、数多くのフランチャイズ本部と接点を作れるという観点からは有益なのです。

重要なのは、そういったメディアから情報は手に入れるが判断は自分でする、ということです。

フランチャイズ本部を選定するにあたって考えるべき項目は後程詳しく書きますが、ざっくりと店舗数、業歴、業容、黒字比率、出店数と閉店数の推移などを見ます。まとめサイトなどに掲載してある情報もあれば、フェアなどで実際に本部の人にヒアリングすべきものもあります。そうやって情報を集めた上で、客観的に何％うまくいってるかというのを確認し、自分の判断に役立てるのです。

このような情報を手に入れるのは合理的な判断をする上で必ず必要ですから、まとめサイトやフェアは利用しなければなりません。

ただそこに掲載されている内容をすべて鵜呑みにして契約してしまうというのは、判断までもメディアにコントロールされているということ。あくまでもメディアは情報を集めるための手段であり、そこから自分の頭を使って判断をすることが大切です。

# 3　こんなフランチャイズ本部には要注意

## フランチャイズと一口に言っても内容は様々

フランチャイズ本部といっても、その業態から契約内容まで様々です。「業務内容がことこまかに決まっていて、ほとんど自由度がない代わりに、その通りやっていれば高確率でうまくいく」というものから、「基本的な仕組みを教えてもらって、あとは自由にできる」というものまで、いろいろあります。

同じような業態であってもそういった違いによって初期投資額も違ってきたりするため、一概にどんなフランチャイズが良いと言えるものではありません。

ただ、「こんなフランチャイズは危ない！」という特徴がいくつかあるので、それについて説明したいと思います。

## 広告費をかけすぎているのは危険信号

まず一つは「広告費をかけすぎているところ」です。

広告費をかけすぎてている、というのはまとめサイトで頻繁に特集されていたり、フランチャイズフェアでやたらと大きなブースを持っていたり、雑誌で大きくいつも取り上げられているということを意味します。

一見するとこの特徴はむしろ「しっかりしてそう」と思われるかもしれません。しかし、先ほども書いた通り、まとめサイトに掲載するのも、フランチャイズフェアにブースを出すのもお金がかかり、それはそのフランチャイズ本部にとっては「広告費」です。その広告費の分は当然、加盟者が支払う加盟金やロイヤリティに転嫁されることになります。

また、考えようによっては「広告を打たなければ加盟者が集まらない」と取ることもできます。もちろん、他の分野を見渡したときに「広告を打っている商品ほど質が悪い」とは言えませんが、フランチャイズにおいてはその傾向があるように思います。

## 本来は加盟者を増やしすぎない方が本部は儲かる

なぜそんな傾向があるのか考えてみると、フランチャイズ本部側の戦略と関わっているように思います。

フランチャイズ本部の売上というのは主に2つあります。

①オーナーが加盟するときに支払う「加盟金」
②毎月の売上から一定割合もしくは一定額を支払う「ロイヤリティ」

例えばフランチャイズに加盟した際にオーナー側が本部側に500万円を加盟金と

して払い、さらに毎月売上の10％をロイヤリティとして払う、というイメージです。

もしあなたがフランチャイズに加盟し、大成功したとします。5年10年とそのビジネスを続けたとき、フランチャイズ本部にとっての売上は①よりも②の方が高くなるのは明らかです。つまり、本部からすれば加盟するあなたのビジネスがうまくいく方が自分たちも儲かる、win-win の関係のはずなのです。

逆にせっかく加盟してもらっても、赤字続きですぐに倒産されては儲けになりません。加盟金はそうなったときの本部側のコストを回収するリスクヘッジの意味合いもあります。

また、業種やその本部のやり方にもよりますが、加盟者があまりに多すぎては管理しきれなくなります。

つまり、基本的には加盟者をとにかく増やしまくって加盟金で儲けるよりも、少数のオーナーにたくさん稼いでもらうことでロイヤリティをもらうビジネスモデルの方が、フランチャイズ本部にとっては確実なビジネスと言えるはずなのです。

## 中には加盟金目的のフランチャイズもある

ただ、いざ加盟したときにそのオーナーが成功する確率というのは、ビジネスモデルの優秀さに相関します。

第2章でX軸（ビジネスモデル）とY軸（自分の能力）という話をしましたね。オーナー目線で考えれば、X軸については選ぶことはできても値を変えることはできないため、自分の頑張り次第でいくらでも変えられるY軸を伸ばす努力をすべきだ、という話をしました。

これを逆にフランチャイズ本部の目線で考えると、加盟するオーナーを成長させるというのは簡単ではありませんから、「誰でも成功するようなビジネスモデルとマニュアル」を作る方が目標としてふさわしいはずです。

とはいえ、それを作るのは容易ではなく、フランチャイズをはじめてみたものの加盟店舗が全然うまくいかない……ということはあり得ます。そうなった本部が考えるのが「ロイヤリティを見込むのが難しいから、新しい加盟者を増やして加盟金で儲けよう」ということなのです。

## うまくいっているフランチャイズは広告をあまり出さない

おわかりでしょうか。ロイヤリティ型でうまくいっているフランチャイズというのは、加盟者を無限に増やし続ける必要がないため、広告にそこまで力を入れないケースが多いのです。

もちろん、高確率でうまくいくフランチャイズならば既存オーナーの増店や口コミで店舗数を増やしていけるという事情もあります。

逆にガンガン広告をかけるというのは、常に新規加盟オーナーを募っているということ。絶対、とは言えませんが、加盟者の生存率に難があるのではないか……と考えてみるきっかけにして良いと思います。

## 広告内容を見ればどんなオーナーを探しているかがわかる

加盟金で儲けたいと思っているフランチャイズ本部の気持ちになって考えてみると、頭がよくビジネススキルの高いオーナーは別に必要ありません。ロイヤリティ型で収益を出すだけのビジネスモデルがないから加盟金型の営業をしている本部からすれば「ちゃんと収益を出せるビジネスモデルなのか?」と考えしっかり分析をしてくるオーナーなど面倒な客でしかありません。

それよりもすぐに契約してくれる、悪い言い方をすれば騙しやすいオーナーを集客する方が売上が立ちやすくなります。

その手段としてよく使われるものの一つが誇大広告です。

全店黒字、おまかせで手間いらず、未経験でも1000万円以上稼げます!

1日1時間で月収30万円!

こんな風に、冷静に考えれば「そんなうまい話あるか！」と言いたくなるような広告を出している場合は、そのように冷静に考える能力のない人を集客することで効率よく加盟金を集める戦略である可能性があります。

クオカードの話にしても同じです。「来ていただいた方には黒字比率や開店数・閉店数の推移グラフをお見せします」というよりも「クオカードをプレゼント」と言って集まる人の方が、営業をかけやすいのです。

## 営業マンの姿勢にも要注意

同じような理屈で、営業マンが前のめりに営業してくる本部というのも注意する必要があるでしょう。ビジネスモデルという中身ではなく、営業力で売上を伸ばそうとしている、ということだからです。

ただし、逆に営業マンの対応が遅すぎるというのも要注意です。加盟金型とロイヤリティ型を比べれば、やはりロイヤリティ型の方が安定して利益を出せます。そのため、加盟金型になっているフランチャイズというのは、ロイヤリティ型になりたくてもなれない組織、という意味で根本的なビジネスモデルのレベルが低いことがよくあります。なので、組織構成がすかすかで、物理的にオーナー希望者や候補者の問い合わせを処理できなかったりするのです。

このように営業マンの姿勢にも注目しましょう。

# 4 フランチャイズ加盟前に確認すべきこと

## 自分自身で調べるべき5つの情報

フランチャイズまとめサイトやフランチャイズフェアはあくまでも、「こんなフランチャイズがあるんだ」と知るためのきっかけです。実際に加盟するフランチャイズを決めるためには自分自身で様々な情報をチェックし、分析しなければなりません。

最低限フランチャイズ開始前に考えるべき項目を列挙しますので、参考にしてみてください。

### ①店舗数

基本的に店舗数が多いほど、フランチャイズ組織としてしっかりしているところであると言えます。

ただし、店舗数が少ないうちに加盟し、頑張って利益を出していると、本部としてもより強く応援してくれます。具体的には「こんな良い立地で店舗を出すけど2号店としてどうだろう?」という話が来たりします。

ここら辺はベンチャー企業と大企業のどちらに就職するか、といった話に近いですね。大企業の方が倒産リスクが低く安定はしますが、ベンチャーの方が組織の中枢に入って役員を目指し大きなリターンを狙える可能性が高くなります。

### ②出店数と閉店数

全体の店舗数だけでなく、直近の数年間で新しく出店した数と閉店した数を知ることは大切です。

特に閉店数というのは純粋に生存率を表しますから、これが多いところに加盟するのはハイリスクということになります。また出店数も閉店数も多いフランチャイズというのは先ほどの「加盟金型」に近いビジネスモデルになっている可能性があるため注意しましょう。

### ③黒字比率

全店舗のうちのどれくらいの店舗が黒字になっているのか、という数字です。

本部の説明では「初期投資いくらで月の売上がいくらくらいです」などと説明されますが、それはうまくいっている一部の店舗の事例だったりします。逆にうまくいっていない店舗も、ビジネスモデルが悪いのではなく、単にそのオーナーやそこの店のスタッフの能力が低いだけという可能性もあります。

したがって、そのフランチャイズそのものの力を測るには、平均値や比率を見ていく必要があるのです。

### ④業歴

そのフランチャイズ事業をどれくらいやっているか、というのも重要です。これも店舗数と同じで一概に長ければ良いということではありませんが、長いほど安定しているとは言えます。

業歴が短い場合は、さらにその業態と合わせて「タピオカのように一過性のものではないのか?」と考える必要があります。

### ⑤法定開示書面

小売業と飲食業を対象に、加盟判断に役立つ情報を書面開示することが定められています。サービス業の場合は義務付けられてはいませんが、自発的に書面開示しているところもあります。

こちらは開示を要求して、しっかりと検討することが必要です。

## 本部の説明と自分の調査結果に矛盾点があったら要注意

興味のあるフランチャイズを見つけたら、資料請求やフランチャイズフェアなどを使って前述の5点について質問します。

このとき大切なのが、本部の説明とは別に、必ず自分自身でも調べてみる、ということです。黒字比率などは簡単に知ることはできませんが、店舗数など調べればわかることもあります。

先ほども書いた通り、本部はあくまでも「営業」として話していますから、完全な嘘はつかないとしても、良い面だけを上手に説明したりすることには慣れています。もし自分で調べた数値と、本部側から伝えられた数値に違いや矛盾がある場合は要注意です。

具体例としては、「昨年1年間で閉店した店舗はいくつですか？」と聞いたとき相手の営業マンは「多少はありましたけど、全然たいした数じゃないですね」などと答えたのに、調べてみたら20店舗もあった、といったケースです。これは純粋にデータとして20店舗閉店という事実を考慮しなければならないだけでなく、「都合の悪いことは平気でごまかしてくる相手なんだ」ということを示しています。

フランチャイズ本部と加盟オーナーというのは本来手を取り合ってお互い win-win になるように活動すべき存在ですから、この一事だけでも黄色信号だと考えることもできます。

## ときにはライバル会社に裏を取るのも有効

本部側にとって都合の悪い情報は、こちらが聞いてもなかなか答えてくれないことがあります。

先ほどの閉店数の話で「たいした数じゃないですね」と言えるのは、ある意味そういった状況に慣れた経験豊富な営業マンと言えます。これが経験のない、スキルの低い営業マンだと「守秘義務があるので答えられません」などと言ったりします。

こういった直接聞き出せない情報を知るテクニックとして、「ライバルフランチャイズに話を聞く」という方法があります。

例えばフィットネスジムのフランチャイズをやっているA社への加盟を検討しているとします。そのときに同じフィットネスジムフランチャイズのB社にも話を聞き、そこで「最近A社さんもすごく勢いがあると聞いているんですけど、どうなんでしょう」と訊ねてみるのです。他社の話ですから嘘はつけませんが、営業マンの心理としては自社が有利になるように話を進めたいと思います。そうなると結果的に「嘘ではない範囲でA社のネガティブな情報」を話してくれます。

少しずるいようですが、自分がフィットネスジムのフランチャイズに興味があるというのは事実なわけで、仮にA社が第一候補だったとしてもB社を検討しているというのも嘘ではありませんから、後ろめたく思う必要もありません。むしろA社にも同じようにB社のことを聞いて、公平な比較でA社もB社も検討する、というのが良いでしょう。

繰り返しになりますが、大切なのはあくまで相手は営業として話しているというマインドを持つことです。しっかり話は聞くが、その上で鵜呑みにするのではなく裏を取る。そうやってコツコツとデータを集めていけば、おのずと成功しやすいフランチャイズが見えてきます。

## 5 オーナーのことはオーナーに聞こう

### 本部からは聞けない情報がある

とはいえ、本部から聞ける情報や、自分で調べられる情報には限界があります。そこで、可能であれば実際にそのフランチャイズグループに加盟している他のオーナーに話を聞きましょう。

同じオーナーという立場の相手であれば、そこに利害関係はありませんから、フラットな意見を聞くことができます。

どうやって他のオーナーと知り合うかと言えば、私が参加していた勉強会のようなフランチャイズオーナーが集まる場所に参加するという方法もありますし、本部によっては「実際に加盟しているオーナーとお話できませんか」と聞くと紹介してくれる場合もあります。ただしこの場合は、本部と仲が良く、お店もうまくいっているオーナーを紹介してくるパターンが多いので、そこは注意が必要です（とはいえ、中立な視点から語ってくれる人も多いので、会って損はありません）。

あとはフランチャイズフェアに行って、資料を見ているお客さんに声をかけて友達になるという手もあります。そういう人はすでに何店舗か出店しているオーナーであることも少なくありませんし、仮にまだまったく出店していない人だったとしても、自分と同じ立場の仲間になれる可能性がありますから、情報交換をしておいて損はありません。

## オーナーに聞くべき4つのこと

もし他のオーナーに会うことができたら、次のようなことを質問してみましょう。

## ①儲かっているか？（収益率）

まずはシンプルに一番大切なことを聞きましょう。普通であれば初対面の人には聞きづらい話ですが、あくまで同じフランチャイズに加盟するか迷っているという立場を明かした上で会っているのであれば、真摯に答えてくれている人が多いはずです。

できれば「はじめて何年くらいか」「どのくらいの時期から黒字か」などをあわせて聞けると良いでしょう。

## ②増店する気持ちはあるか？

一番大切なのはこれです。フランチャイズというのは、最初は起業のつもりであっても、成功すれば投資型になっていきます。自分の店舗がうまくいっているなら、店を増やせば純粋に利益が2倍近くになりそう、という計算が立つからです。

フランチャイズオーナーというのは、ビジネスモデルを大きく変えることができないため基本的には収益の大きさ＝店舗数ということになります。増店する気持ちがあるというのは、このルートに乗っているということです。

逆に、収益が出ているのに店を増やす気持ちがないというのは、何か問題があるということですから、それを質問しましょう。

## ③黒字オーナーは何割くらいか？

これはフランチャイズグループによって違いますが、同じフランチャイズに加盟しているオーナー同士である程度コミュニティができているケースがあります。また本部と仲の良いオーナーであれば、ある程度の内部情報が共有されていることもあります。

そういうオーナーには、そのフランチャイズグループの中で黒字オーナーが全体の何割くらいいるか聞いてみましょう。

仮に正確なデータがわからなかったとしても「自分の知り合いはみんなうまくいってるよ」とか「結構苦戦してるところも多いみたいだね」といった話を聞くことができるかもしれません。

## ④本部の対応は適切か？

これもとても大切なことです。例えば、加盟前と加盟後で本部への印象が変わったかどうか、加盟前に本部の営業マンが言っていたことで加盟後に「これはおかしいな」と思ったところはなかったか。そういう部分を聞いてクリアにすれば、営業マンから聞いた情報をより分析に活かしやすくなります。

また、そういった違和感が多いと、純粋に自分が加盟する上でネックとなるという意味もあります。

# 6 必要な資金額を確認しよう

## 最初から初期費用を決めるより、いろいろ話を聞いてみよう

加盟するフランチャイズグループを検討するのと同時に、初期費用となるお金を用意する必要があります。だいたいの金額感については第1章でも触れましたが、そのうちどれくらいを自分で用意すべきかなど詳しく解説したいと思います。

まずフランチャイズを投資と考えるのであれば、ハウスクリーニングや便利屋など自分の労働によって稼ぐものは選択肢から外れていくでしょう。いちおう、このタイプを目指すという人は100～500万円ではじめることができますが、融資を受け

るのは難しいようで、自分でこれだけの金額を貯める必要があります。

投資と考えるのであれば、店舗を構え、（オーナーとしての仕事はするとしても実務に関しては）人を雇って働いてもらう必要があります。よくあるのは個別指導塾やサービス業のフランチャイズなど。投資金額はピンキリですが、ボリュームゾーンは1000〜2000万円です。

飲食店の中でも箱の大きいものになってくると3000万円以上、24時間ジムのように設備投資が大きいところや、ブランド力のある有名チェーン飲食店だと1億円くらいするものもあります。

これから検討する人は、最初から「初期費用はいくら」と決めるのではなく、いろいろなところで話を聞いてみてください。同じような飲食店なのに、なぜ初期費用額が違うのか、そういったところに目を向けることでフランチャイズごとの特徴が見えてきます。

一言でフランチャイズと言ってはいますが、そこで受けられるサービスも、支払うロイヤリティも様々ですから、「どんな価値に対していくらを払っているのか」をしっかり認識する必要があります。

## 自己負担は最低3割が目安

なお、仮に加盟金と1店舗目の出店費用を合わせて1000万円のフランチャイズに加盟するとして、その1000万円をすべて自己負担する必要はありません。数千万円規模の起業となれば、基本的には銀行等から資金調達をすることになります。銀行調達がしやすいかどうかは本部に確認しましょう。

自己負担の割合は様々な状況によって変わってきますが、最低でも3割は負担すると思っておきましょう。つまり1000万円の初期費用が必要ならば、300万円は手持ち資金がなければならないということです。

とはいえ、これはかなりギリギリのバランスで、仮に700万円の融資を受けられたとしても、手持ち資金をすべて使い切ってしまうことになります。私のように最初の数か月は赤字になるということもあり得ますから、毎月かかる家賃やスタッフの給料などのランニングコストを計算して、数か月分は運転資金としてプールしておいた方が安全です。

ランニングコストについては業種によって本当にバラバラなのでここで一概に語ることはできません。初期費用と合わせて検討段階でチェックするようにしましょう。

# 第4章

# フランチャイズ投資を成功させるルール

# 1 「自責思考」で行動しよう

## 頭の良さや他のビジネスでの実績より本気度が重要

前にも書いた通り、はじめに私が参加したフランチャイズ投資研究会のメンバーの成功率は決して高いものではありませんでした。メンバーはみな頭も良く、ビジネスでもある程度の結果を出してきた人ばかり。それでも平均以上の結果を出すことはできませんでした。

逆に、決して学歴も高くなく、他のビジネスで結果を出したことがない人でも、フランチャイズで成功し大きな利益を掴んでいる人はたくさんいます。

つまり、皆さんがこれまでの人生や今の仕事で優秀とされてきたかどうかと、フランチャイズで成功するかどうかはあまり関係がないということ。

では何が大事なのか、といえば意外にもそれはマインドだったように思います。一言で言えば「フランチャイズに本気だったかどうか」ということです。

こう書くと精神論のようですが、結局のところ本気で考えられる人でなければ、自分で情報を集めて分析するという面倒なことはできず、本部の営業を鵜呑みにしてしまったりするのだと思います。

## いくらでも自分以外のせいにできるけれど……

もう少し具体的に言えば、自責思考が持てるかどうかというのが特に大切になります。

フランチャイズというのは、いざうまくいかなかったとき、いくらでも自分以外のせいにできます。

・本部のスタッフが無能なんじゃないか
・そもそもこのビジネスモデルがまずいんじゃないか
・スタッフがしっかり働かないから売上が伸びない

他人のビジネスモデルを借りて、他人に実労働を任せることで収益を生むというのが投資としてのフランチャイズの構造です。だからこそ、そのビジネスモデルや実働スタッフのせいにできてしまいます。

## 勝ち組オーナーは対策を練るのが早い

しかし、当然ながら本部を批判しようが、スタッフを批判しようが、売上が増えることはありません。

「その本部を選んだのは自分だ」
「このビジネスモデルでうまくいっているオーナーがいる」

「スタッフにモチベーション高く働いてもらうにはどうすればいいか」

そう考えるからこそ、打開策を考えたり行動にうつせたりするのです。

実際、うまくいっている勝ち組オーナーを見ていると、人のせいにする前に身体が動く、当然思考も動く、という感じでとにかく対策を練るのが早いです。

決して「人のせいにしちゃいけない」という道徳的なことを考えているのではなく、稼ぐために、目の前の問題を解決するために、もっとも合理的な手段を最速で取ろうとしたら、自然と他人のせいにしている暇などなくなる、ということなのだと思います。

## そもそも疑問点を放置しない

また、そもそも疑問点を放置しないで解決しようというマインドを持っているというのも勝ち組オーナーの共通点です。

自責思考が必要といっても、本部に問い合わせるべきことを問い合わせない、というのは当然ダメです。

もしかしたら本部側からすればクレームのように聞こえる話だとしても、すぐに情報を入手して自分の中で答えを作らなければなりません。

## 2 「得意不得意」と「好き嫌い」を考慮しよう

### 未経験でも成功できるからこそのフランチャイズ

次に、自分がまったく経験したことのない業種業態であっても成功することができるのか、という点について解説していきたいと思います。

結論からいうと、それまでの経験は関係ありません。なぜなら、本部が用意してくれているビジネスモデルに稼ぐ力がある、というのがフランチャイズの大前提だからです。

経験者しか成功できないようなフランチャイズは、フランチャイズとして破綻しているといっても過言ではありません。

## 人付き合いの得意不得意は考えておくべき

ただし、経験は関係なかったとしても、その人の資質によって合う業種とそうでない業種というのはあります。

特に重要なのは人付き合いです。接客系の仕事であればもちろんですが、第2章で解説した通り、スタッフとのコミュニケーションなど、意外とウェットな人間関係の部分が成功か失敗かを分けたりします。

そういう意味で人付き合いが得意な人、リーダーシップに自信がある人は、スタッフを雇うタイプの業種を選択してより「投資」に近づけていくのが良いと思います。逆に「人付き合いが苦手だ！」という人はよく考えて業種を選んだ方が良いかもしれません。

私自身はというと、決して人付き合いが大得意、というわけではありませんでした。

ただシンプルに稼ぐためにやらなければならないことはしっかりこなす、というマインドで積極的にスタッフと食事に行ったり、地域の人と交流したりするようにしました。

そうやって割り切ってやった結果、少しずつ得意になってきた、というのはあるかもしれません。

## 営業経験は役に立つ

コミュニケーション力とも関連しますが、営業経験があるというのは役に立つと思います。

営業というのは接客と通じることがあるので、これまで接客業をやったことがないという人でも営業経験があれば割と対応できたりします。

実際に自分が店舗に立つ起業タイプのフランチャイズ経営であっても、営業マンとしてある程度力のある人であれば、接客までうまくこなしていることが多い印象です。

## 業種は得意不得意より好き嫌いで選ぶべき

ただ、できることなら能力云々よりも、好きな仕事を選ぶべきだと思います。理由はシンプルで、好きなら頑張れるからです。

頑張れると言うのはリソースが割けるということで、仮に自分の労働量が増えても我慢できるし、何か問題があっても根気強く取り組む原動力になります。例えば筋トレが趣味だからジムをやる、パスタが好きだから洋食レストランをやる、といった具合です。

別に専門家である必要はなく「好き」であればOKです。

好きであることのより具体的なメリットとして、スタッフとのコミュニケーションが取りやすいというのがあります。例えばジムで働こうと思う人は筋トレが好きな人が多いでしょう。そのとき自分も筋トレが好きなら共通の話題ができ、円滑にコミュニケーションが取れます。自分が専門家じゃなかったとしても、そのスタッフに筋トレを教えてもらう、という形でも良いわけで、これが「得意じゃなくても好きならOK」である理由となります。

そうやって普段から共通の話題でコミュニケーションを取れていたら、忙しい時期でもスタッフがモチベーション高く働いてくれたり、悩みがあれば気軽に相談してくれることで離職率が低下したり、といった効果が見込めます。

一般的に「好きなことを仕事にできるほど甘くない」という論調はあると思います。当然、好きという気持ちだけではビジネスになりませんが、それはビジネスモデルを作るのが困難だからです。

すでにビジネスモデルが用意されていて、そこにリソースを投入すればするだけ利益が出ます、というのが理想的なフランチャイズという装置。であれば、投入できるリソース量が増える「好きなこと」の方が結果が出るというのは道理なのです。

# 3 「失敗原因」を排除しよう

## 健康問題には気をつけろ

逆にフランチャイズの失敗原因としてよくあるものも、いくつか挙げておきましょう。

まずは単純なリサーチ不足で、本部に営業されるままに何の勝算もなく契約してしまうというもの。これについては第3章で詳しく解説しました。

そういった本部選び以外の、オーナー側の問題としてよくあるのが健康問題です。

先ほど「フランチャイズに本気になっているかどうかがもっとも大切な成功要因である」と書きましたが、本気であればあるほど無茶をして健康を害してしまいやすくなるという問題もあります。

特に1店舗目の経営は、どうしても自分自身の労働量が多くなりがちです。自分が現場に出ている人はもちろんですし、オーナーとしてスタッフを雇っている場合でも、旗振り役としての自分の責任が大きい場合はそれが止まってしまうと業務全体が円滑に動かなくなってしまいます。

私自身が肺炎になった話は前に書きましたが、そのときがまさにそのような状態でした。本来入院が必要な体調だったとしても、自分が入院してしまったらどう考えても店が回らなくなってしまう。

私の場合は幸い大事には至りませんでしたが、そうやって無理に働くことでさらに病状を悪化させてしまうこともあります。

## 早い段階で右腕を作るのが理想

オーナーがお金だけ出して「あとはやっておけ」と言うのではスタッフがついてこ

ないというのは前に書きましたが、逆に自分の負担が大きすぎると身体を壊してしまう原因になりますし、投資として多店舗展開していくのが難しくなります。

そこで理想なのが、自分の考えを完全に理解してスタッフをコントロールしてくれる「右腕」を早い段階で育成することです。

それができれば、自分が店に顔を出さなくても円滑に経営を進めることができますし、右腕を育成するノウハウを作ることができれば、多店舗展開した際の経営も楽になります。

私の経験上、５店舗以上を経営する場合はこの右腕がいなければ難しくなってきます。自分の時間には限りがあり、すべてのお店のスタッフとコミュニケーションを取って管理しきることができないからです。

## 今の時代は炎上も怖い

その他の失敗要因としてあり得るのがネット上での炎上です。

皆さんは「バカッター」という言葉をご存知でしょうか。コンビニや飲食系フランチャイズのアルバイトスタッフが店内で全裸になるなどの不適切な行為を行っているところを写真や映像に残しツイッターなどのＳＮＳに投稿することで騒ぎになってしまうことを言います。

まさに愚かとしか言いようのない行動ですが、このように炎上してしまうと当然客足は遠ざかり売上は激減します。

自店舗については「信用できるスタッフを採用する」「こまめにコミュニケーションを取って規律を整える」といった形で対応できますが、フランチャイズの場合は自分だけ気をつけていても、まったく別のオーナーの店舗がそのように炎上してしまえば、同じ看板を下げている自分の店まで風評被害を食らってしまうことがあります。これはオーナーからすれば、ほとんど天災のようなものとしか言いようがありません。

もちろんそうそうあることではありませんが、これもフランチャイズならではのデメリットと言えばそうかもしれません。せめて自分の店舗からそのような者が出ないよう、対策をしておきたいところです。

## レジ金の横領にも要注意

同じようなスタッフの民度によって起こる問題が「レジ金の横領」です。アルバイトのワンオペ（スタッフ一人での営業）で回している店などでよくあるのですが、そのスタッフが売上をごまかしレジの金を盗んでしまうのです。

店舗に監視カメラがついていたとしても、カメラの内容を常にチェックするわけにはいかないので発覚まで時間がかかることが多く、その間にかなりの金額を抜かれてしまうケースも少なくありません。

さらに発覚してそのスタッフを首にしたとしても、新しいスタッフを雇って育成して、という追加のコストがかかってしまいます。

なので、これについてもあらかじめ対策をしておく必要があるでしょう。ワンオペの多いビジネスモデルを採用している本部であれば、なんらかのマニュアルがあることも多いので必ず確認するようにしましょう。

## 4

# 「基礎知識の勉強」と「リアルな情報のヒアリング」の両面で学ぼう

### フランチャイズの勉強はヒアリングが有効

本書は、フランチャイズを株や不動産のような「投資」と捉えるという考え方をお伝えするために書いた本です。本当はフランチャイズの方が投資の目的に合致しているはずなのに、それを知らないがために他の投資法を選択し、結果として満足いく成果が得られない人がいるのはもったいない、という思いがあります。

したがって、フランチャイズの概要を解説するのが主となっており、いざ本当にフランチャイズをはじめるのであればより専門的な内容を勉強する必要があります。

今まで解説したようなまとめサイトを見たりフェアに行くのもそうですし、書籍を読むと言うのも良いでしょう。

おおまかな分類として、すでに興味のあるフランチャイズ本部があり、その本部で本当に良いのかどうかを分析したい場合は、「人に聞く」というのが有効です。人というのはその本部の人であったり、他のオーナーであったりです。

## 有意義なヒアリングをするために書籍で基礎知識を学んでおく

ただそこで有意義な話を聞くのであればフランチャイズそのものについての基本的な知識が必要です。

例えばフランチャイズにはどんなリスクがあるとか、成功する商圏の条件はどんなものかという話を成功しているオーナーに聞こうとしても、オーナーは塾の先生でもなければ説明のプロでもないので、正確にあなたに教えられるとは限りません。また基本的なことを自ら学んでもない人のために貴重な時間をたくさん割いてくれるわけもありません。

そのようなフランチャイズそのものについての知識は、勉強会や書籍で学ぶのが良いでしょう。これからフランチャイズについて学ぶ方が網羅的に基礎知識を得られる書籍としておすすめのものをご紹介しておきます。

・『10のステップで夢をかなえるフランチャイズ加盟ワークブック』（伊藤恭／同友館）
フランチャイズの使い方、本部の選び方、立地診断から資金調達までまとめられています。

・『儲かるフランチャイズビジネスの教科書』（川上健一郎／興陽館）
教科書的内容に加えて、成功している加盟店の行動やインタビューが盛り込まれていて、読ませる内容になっています。

ひとまずこれらを読んだ上で、フランチャイズまとめサイトに登録し様々なフランチャイズを見てみる、というのがおすすめの学習ルートとなります。

## ネットでもフランチャイズ情報を集めることはできる

おまとめサイト以外でもフランチャイズの情報を集めることは可能です（たくさんあります）。

このとき、一見、普通に見えても露骨に「このフランチャイズがいい、次にこのフランチャイズがいい」ということばかり書いているサイトは捨ててください。アフィリエイトです。

おすすめできるのはユーチューブで視聴できる「フランチャイズチャンネル」。

・フランチャイズチャンネル
(https://www.youtube.com/channel/UCXVW9P_uDdOtWA1DeeliNTA)

5年にわたりほぼ毎日、1200本を超えるフランチャイズに関する動画がアップされ、3万人ものチャンネル登録者を数えるモンスターチャンネルです。フランチャイズ本部サイドが制作しているにも関わらず、正直な目線でここまで充実したコンテンツを視聴できるのは、「フランチャイズに投資したいけど、まずはしっかり勉強したい」と考える方におすすめできると思います。

## リアルな情報は勝ち組オーナーからしか得られない

書籍やネットに書いてある知識というのは、成功者にとってみれば知っていて当然の知識です。それを知らないことが失敗要因にはなっても、それを知ってるから即成功、とはなりません。

そういう意味で、知っていることで成功につながるような情報、言ってみれば「情報の歪み」を得ることができるのは、やっぱり実際に成功しているオーナーから話を聞く機会だと思います。

例えば私がとあるフランチャイズに加盟しようか迷っていたとき、そのフランチャイズで実際に結果を出しているオーナーから「でも良い立地の物件は直営店がやっていて、俺たち加盟店オーナーにはいまいちな物件しか回ってこないんだよね」というのを聞いたことがありました。その場にいた営業マンは「そんなことないですよ」と青ざめていましたが、そのオーナーは続けて「俺はそう思うし、俺の仲間のオーナーも同じことを言っているよ」と言っていました。

こんなリアルな情報は、実際にやっているオーナーに聞かなければ絶対に得ることができないでしょう。他のオーナー、特に結果を出している勝ち組オーナーから学べることは無限にあると言っても過言ではありません。

そういう意味では、第3章でも少し触れた「オーナーが集まる場所」に顔を出して、勝ち組オーナーの話を定期的に聞ける環境を作ることが（基礎の部分はしっかりとしているという前提で）最大の成功法則であるように思います。

## 自分の能力を成長させたいなら、定期的に勝ち組オーナーと会うのが理想

自分が興味あるフランチャイズのことは、以前に書いた通り本部経由でそこのオーナーを紹介してもらうというのが有効ですが、根本的な自分の能力、Y軸を成長させる目的であれば、もっと定期的に勝ち組オーナーの話を聞ける環境を用意するのが理想です。

オーナー会を設けて加盟店同士のつながりを作り、成功ノウハウの共有をすすめることでグループ全体の利益の向上を図るフランチャイズ本部はたくさんあります。このようなフランチャイズに加盟して、勝ち組と言われるオーナーと知り合い、親しくなれるとすれば一人のオーナーのノウハウでなく、勝ち組オーナーたちのノウハウを知ることができます。

さらに、そうした勝ち組オーナーが同一フランチャイズだけでなく複数業種のフランチャイズに加盟している人であれば、複数業種に関するノウハウも手に入るでしょう。

## レベルの高いオーナーほど情報交換には積極的

また、Y軸が高いオーナーは情報を得ることに貪欲です。アンテナを高く張って、良いフランチャイズ・悪いフランチャイズの情報を持っているものです。

基本的にオーナー同士では利害関係は発生しません。そのオーナーがどこかのフランチャイズからバックマージンでももらっていない限りは、あなたを騙したところで得るものがないのですから、騙す理由がありません。

よって、レベルの高いオーナーほど、情報交換には積極的です。ぜひ勇気を出してフランチャイズオーナーの集まるコミュニティを探してみてください。

また、これからフランチャイズをはじめる人が参加できる勉強会の中には、そこで勝ち組オーナーから話を聞けるところもあります。有志で行うサークルのようなところから、お金を払って参加するセミナー形式のところまでありますが、お金を払うのであればそういったオーナーから話を聞ける機会があるところが良いでしょう。

## 5
## フランチャイズオーナーの「メンター（師匠）」を持とう

### 気軽に質問ができるメンターがいれば百人力

勝ち組オーナーに定期的に話を聞くことの重要性を語りましたが、可能であれば気軽に質問ができるメンター（師匠）を見つけるのが理想です。

コミュニティや勉強会に参加しても、やりとりができるのは月に数回で、いつでも質問ができるわけではありません。そういった場所に出入りする中で、自分がこの人と決めた人とは積極的にコミュニケーションを取って教えを乞うべきだと思います。

特に、複数のフランチャイズに加盟している人は、メンターとしてもっとも理想的です。フランチャイズによってその仕組みや特徴は様々。そういった違いを理解しているというのも貴重ですし、その上でどれも成功させているというのは、その人自身の能力（Y軸）が高いということでもあります。

## 本部と強力につながっているオーナーには注意する

注意すべきなのは、本部と強力につながっている人を選んでしまわないことです。フランチャイズを長くやっていて、しかも結果も出している優秀なオーナーというのは本部と強力につながっているケースがあります。本部からしても現場のノウハウを聞きたいですし、成功例としてアピールしたい存在でもあるからです。例えば良い立地の店舗を優先的に渡す代わりに、身の回りの経営者を紹介してもらう、といった利害関係が発生している可能性があります。

もちろん、こういったつながりが悪であると言っているわけではありません。そのオーナーからしたら、そのフランチャイズを素晴らしいと思っているから本部とも連携して加盟者を増やしたいと思っているのかもしれません。

ただ、話を聞くこちらの立場としては、そのような崇高な思いを持っているのか、単に紹介料のために紹介しているのか、区別をつけるのは容易ではありません。となるとリスクヘッジとして「本部と強力につながっている人の言うことは多少割り引いて聞いておく」という対応を取らざるを得なくなるわけです。

## 資産規模が違っている相手でもノウハウは同じ

さて、複数のフランチャイズで成功しているオーナーとなると、当然、資産規模は相当大きくなります。数億円規模の資産を持っている相手に、自分なんかが話を聞いて意味があるのか、と考える人もいるかもしれません。

しかし、フランチャイズにおいて資産規模は関係ありません。

一般的な起業であれば、資本金10億円の企業と100万円の企業とではビジネスの規模が違うため、戦略も異なってくることが多いと思います。

しかしフランチャイズの場合、資産規模というのは基本的に店舗数を指します。自分の10倍の規模のオーナーというのは、単純に自分の10倍の店舗を持っているオーナーであり、1店舗単位で見れば同じことをしているのです。

したがって、自分の何倍もの規模でビジネスをしているオーナーの話であっても、そのまま自分の経営に活かすことができます。

## 自分のできる範囲で対価はしっかり払おう

これはあくまで「ノウハウが役に立つか」という視点です。自分より結果を出している人に話を聞くのですから、そこに対する感謝の気持ちは持たなければなりません。

端的にいえば、有益な情報をくれるメンターに対してはお金を払うべきです。優秀なビジネスマンの中に「ただで情報をねだる人」を相手にする人は一人もいません。

自分がそのように見られてしまうことは絶対に避けましょう。

もしその人がコンサルティングのようなことをしているならしっかりとコンサル

ティングフィーを払うべきですし、そうじゃなかったとしても自分の人脈を紹介するとか、極端に言えばご飯をご馳走するだけでも良いでしょう。

自分がその人に対して尊敬の念を持っていて、自分のできる範囲でしっかりと対価を払う意思があるのだ、ということを示すことが、信頼関係を構築する第一歩となります。重要なのは姿勢を見せることです。

# 第5章

# 7人の先輩たちに学ぶ フランチャイズ投資の秘訣

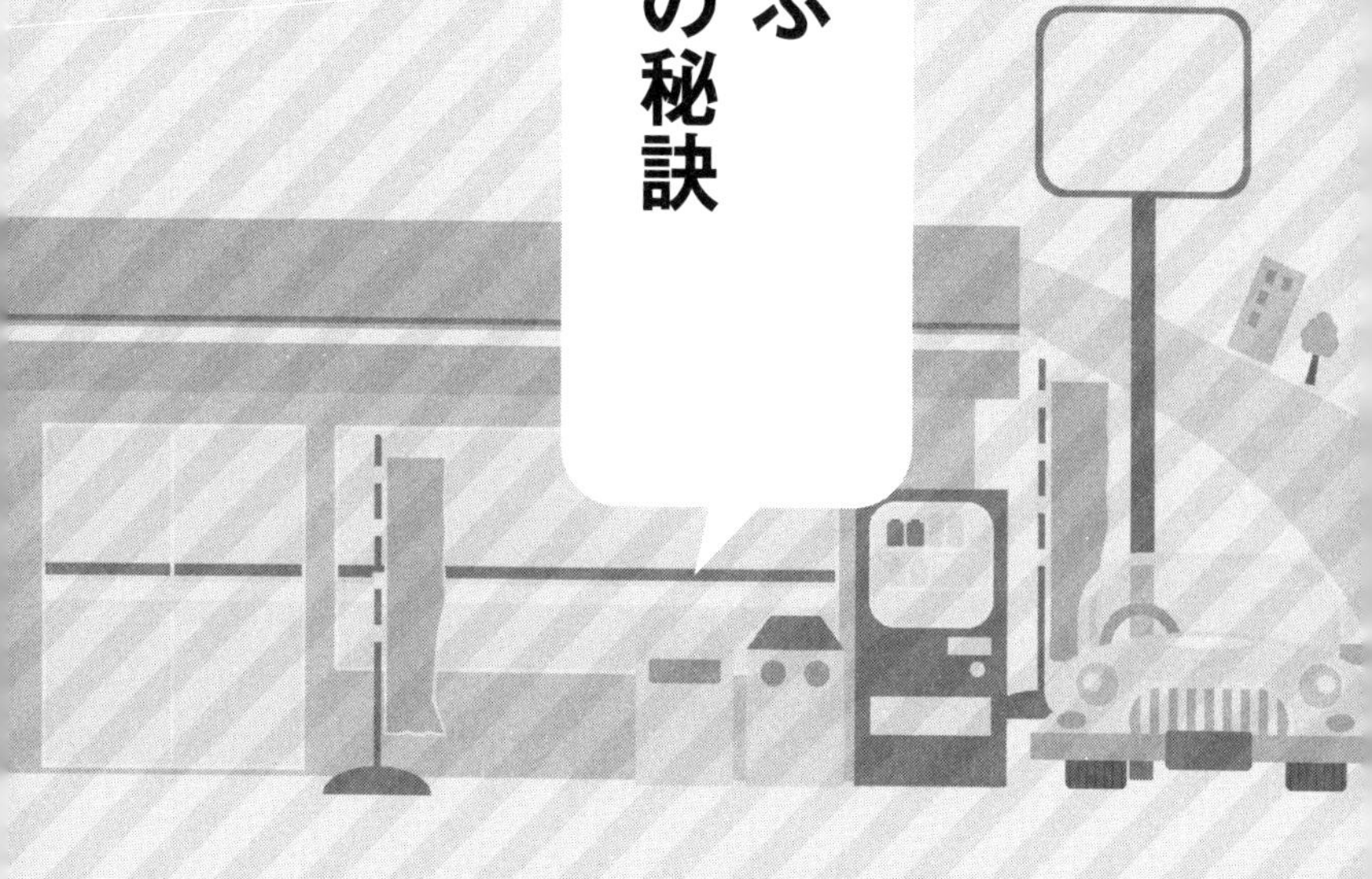

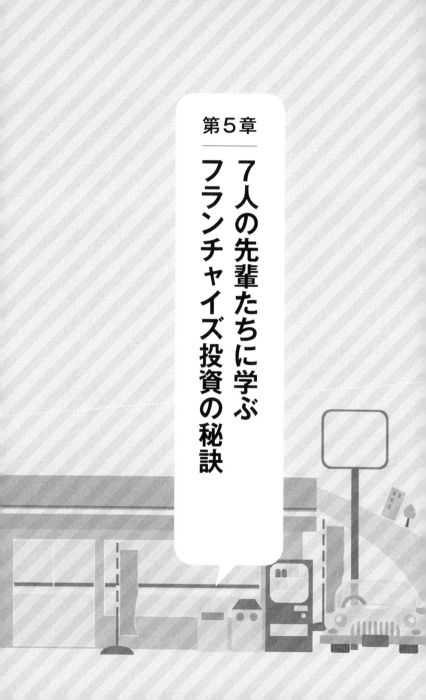

## 1 レンタカー屋を6店舗経営するAさんに聞く「フランチャイズの魅力と成功の秘訣」

### フランチャイズはSEOや集客が強い

**古川** ここからは、私以外のフランチャイズ経営者の方にインタビュー形式でフランチャイズ投資の魅力やフランチャイズを成功させるコツについて聞いていきたいと思います。まずはじめはAさんにお話を伺いたいと思います。自己紹介をお願いします。

**A** よろしくお願いします。今は主にレンタカーのお店をフランチャイズで6店舗運営しております。

**古川**　まずフランチャイズをやってみようと思ったきっかけは何だったんでしょうか。

**A**　自分の場合はフランチャイズがマストというわけではなかったんですよね。選択肢の一つというか。フランチャイズに興味を持った理由という意味では、もともと自分は不動産屋を経営していたんですが、不動産の世界にもいろいろなフランチャイズがあります。そういった競合のフランチャイズを見ていると、SEOや集客というのが強いんですよ。

**古川**　SEOというのはインターネットの検索対策ですよね。確かにそれも、フランチャイズの強みの一つですね。

**A**　そうですね。本部の巨大な資本でサイトを構築しますし、全国に店舗を持てるので個人でやるより集客の面では圧倒的に有利です。そういう強みを理解していたので興味を持ちまして、不動産のフランチャイズも考えはしたんですが、不動産を長く続ける気はあまりなかったので、試しに別業種のフランチャイズをやってみようかな、という感じでした。

## ビジネスの安定度と投資回収期間が選択基準

古川　そのフランチャイズに加盟すると決めるまでに、どんな形で検討したんでしょうか。

A　まず業種というところでは、不動産というのは仲介を一つ決めると一気にドーンと売上が出るというビジネスです。でも、それって波がすごいんですよね。なので、コツコツ稼げるというか、安定したビジネスを持っておきたいと考えたときに、リース系が良さそうだな、というのがありました。

古川　なるほど、それでリース系の業種業態というところに興味を持たれて、その中で今加盟しているグループにした決め手のようなものはあったんでしょうか。

A　投資回収期間ですね。例えば家具家電のリースだと、だいたい半年くらいで初期費用が回収できるんです。そしてそれ以降はずっと利益になる。その上で、自分が加盟したレンタカーのグループは3か月で回収できる。具体的に車を仕入れるという初期費用があって、それをすぐさま貸し出せた場合3か月で仕入れ代が回収できると。この3か月という短さが決め手でしたね。

古川　その3か月というのは営業段階で本部が言っていた数字ですか？　実際に3か月で回収できたんでしょうか。

A　本部が言っていた数字です。その数字にはランニングの費用が含まれていなかったので、ガソリンとかその他の諸経費とかを含めて自分で計算すると、3か月っていうのはちょっと盛ってるかも……というくらいでしたね。もっとも、そう大きくはズレてなかったので悪くはないかなと思って加盟を決めました。

## すべて本部の言う通りでは成功しにくい

古川　6店舗まで規模を拡大する中で得た成功要因とか、逆に他のオーナーが失敗している要因とか、そういった分析は何かありますか。

A　大きくは2つあって、一つは本部に頼らないということ。

古川　いいですね。自分もそう感じています。

A　本部が提案してくることっていうのは、あくまで「こういうやり方もあるんだよ」という話で、実際にそこからどうオペレーションするかというのは自分が決めないといけない。中にはうまくいかないと本部の人間を呼び出して怒鳴るオーナーがいるんですよ。「聞いてた数値と違うぞ！」って。もう、これはアホの極みですよね。

古川　すごく共感するんですが、そうなると本部の役割はどこにあるとAさんは考えられていますか？

A　基本は自分でやるんだけど、自分じゃできないこととか自分でやるのは面倒なこと、例えば何か広告のデザインを作るのが面倒だから、デザインのデータを本部にもらう、みたいな。そういう作業の一部を代行してもらうくらいの感じですよね。もちろん一番根本のビジネスモデルを用意してもらうというのはありますが、その上で日々起きる経営判断というのは全部こっちでやるという考えです。

**古川**　本部を使うところは使うけれど、ビジネスを進めていくのはオーナー自身だぞ、ということですね。

**Ａ**　そういうことです。

**古川**　これってすごくおもしろくて、フランチャイズ本部に「どんなオーナーが成功しますか？」って聞くと、必ず「本部の言う通りにするオーナーです」って答えるんですよ。

**Ａ**　逆ですね（笑）。

**古川**　正直、本部から明らかにおかしいこととか、明らかに吹っ掛けてきてるだろ、みたいな提案がくることもあって、それを全部言う通りしてたら成功しづらくなるだろうな、と感じます。

## アーリーステージのＦＣに加盟するリスクとリターン

**Ａ**　ただし、私は初期のメンバーだったから、そういう自由が許されてるってのがありますね。例えば最近だと「車は全部本部から仕入れてくださいね」というのがルール化されてるんですが、自分でオークション会場に行けば10万円で仕入れられるものが、本部を通すと25万円だったりするわけです。

**古川** つまりフランチャイズ本部の成長段階を考えて、いわゆるアーリーステージと言われる成熟前のフランチャイズグループならば縛りもゆるく、オーナーそれぞれが独自の知恵を働かせることで収益を伸ばしていけるけれど、成熟期に入っていくとそこら辺のルールがガチガチになっていってオーナーが工夫しづらくなっていく、ということでしょうか。

**A** はい。ただアーリーステージのフランチャイズっていうのは、加盟するオーナー側としてもリスクがあるわけですよね。成功が保証されたモデルとは言えないわけですから。そのリスクを取ったことに対して、「一緒にグループを作ってきた仲間」みたいなところがあるので、自分の選んだところで車を買ってきていいよとか、そういう自由が認められているってことですね。

**古川** そこはリスクとリターンですね。リスクを取った分、本部と仲良くなって良いことがあるよ、という。

## 資金には余裕があった方がやはり有利

**A**　そして、もう一つの成功要因はお金です。やっぱり資金がないと選択肢が減るんですよ。借りる店も駅近の良い立地のところは高いから選べないとか、買う車も古い車になっちゃうとか。

**古川**　資金カツカツでやっちゃダメってことですね。

**A**　そうですね。そこは借入でも良いんですけど、とりあえずキャッシュには余裕のある状態ではじめなきゃダメですね。

## マネジメント力のある人ならかなり成功率は高い

**古川**　では、「フランチャイズを投資として考える」というのをどう思いますか？

この本は、「株などの投資と比べて、フランチャイズをやるというのは勝算という意味でも利回りという意味でも良い選択肢になり得る」というのがテーマなのですが、そこについてはどう思うでしょうか。

**A** 人材マネジメント力があれば、そうだと思います。ただ人と関わるのが嫌だったりすると難しいですよね。例えばサラリーマンでずっと総務畑にいたという人は止めた方が良いと思います。それなら一人でラーメン屋をやった方が良い。

**古川** 投資と言うより生業を作った方が良いということですね。

**A** そうです。サラリーマンでも営業マネージャーとか営業本部長とか、人を使って現場でやってきた、そういうマネジメント力のある人ならかなり成功率は高いと思いますよ。

**古川** それが苦じゃない人っていうのも大事ですね。得意と好きが違うこともあるので。

**A** そうですね。仕事が終わったあとで、「みんなで飲みに行くぞー」みたいなのが好きな人が向いているかもしれませんね。

古川　Ａさんはその辺が長けている気がしますね。

Ａ　現場で働いてもらう人が気持ちよく働けないと絶対回らないですからね。

## 2

## マッサージフランチャイズで失敗したBさんに聞く「閉業した理由」

### 基本的なリサーチはしっかりやっていたが……

**古川**　続いてフランチャイズでマッサージ店を経営していたBさんにお話を伺います。よろしくお願いいたします。

**B**　よろしくお願いします。すでにそのお店は閉業してしまったんですが、そのあたりも含めてお話できればと思います。

**古川**　Bさんはフランチャイズについてリサーチをすごく入念にしていたという印象があるんですが、加盟するまでにやったことを教えてください。

B　「説明会に行きます」「社長と会います」「オーナーと会います」という感じでチェックシートにあるようなセオリーを愚直にやったという感じですね。

古川　チェックシートというのはフランチャイズの教科書的な本に載っているようなな？

B　そうです。基本をしっかりとやった、というだけですね。

## 人間の永遠の悩みに着目

古川　その業種業態を選んだ理由はどんなところにあったんでしょうか。

B　世界中見渡してみても、人間の悩みって健康かお金か人間関係のことが大半だよな、と思っていて。その中でお金の話とか人間関係の話をビジネスにするのって少し胡散臭いなと思っちゃったんですね。なので健康をテーマにした方が、まっとうなビジネス感があるかなと。自分が加盟していたところは、医療的な側面にスポットを当てたマッサージなので。

古川　確かに、健康というのは永遠のテーマですし、社会貢献になっているというのがわかりやすいですよね。

B　健康寿命を延ばすっていうのは国策なわけですし、高齢化社会ですから、市場としても悪くなさそうだと。そこで健康というのをテーマに決めて、まとめサイトを見たりエクスポみたいなのに行ったりしました。

古川　フランチャイズフェアみたいなやつですね。

B　はい。そこでピンときたのが、そのフランチャイズ本部だったんです。

## 本部選びは人間的な相性を重視

古川　同じような業態のフランチャイズは他になかったんでしょうか？

B　当時でも3つか4つはありましたね。今はもう少し増えていると思います。

古川　その中で今いるグループに決めたのはどんな理由だったんでしょうか。

B　そのフランチャイズグループの社長とか、事業責任者の方に話を聞くわけですけど、そこでフィーリングが合うかどうかというのが決め手でしたね。合わないのは厳しいと思います。結局は制度ビジネスなので、どこでやってもある意味、内容は一緒なんですよ。もちろんサポートメニューとか料金とか、細かな違いはあるんですけど、こっちの会社だと成功率が90%で、こっちだと20%、みたいなことはないわけです。その中で何が決め手になるかっていうと、人間的な相性は大事かなと思います。

**古川**　なるほど、それで一番ピンときたところに加盟されたわけですね。

**B**　そうですね。まずフランチャイズというビジネスモデルに長けているなという印象を持ちました。それに加えて、展望として今やっているマッサージがうまくいったあとに相性の良い他のビジネスに展開したいと言っていたんですね。その横展開にも期待できるな、と考えました。

**古川**　ビジネスの広がりですね。

## ストック型ビジネスのはずが案外ストックされないという誤算

**古川** では次のテーマですが、実際に加盟して事業をスタートしてから、閉業するまでの間で「こんなはずじゃなかった」みたいなことがあったと思うんですが、どういったところが落とし穴だったんでしょうか。

**B** 大きく3つあるんですが、一つは業界分析が間違っていたということです。私が属していたところは高齢者向けのマッサージだったんですが、この業態というのはストック型だと言われていたんです。

**古川** 契約した高齢者の方のところにいって定期的にマッサージをするというビジネスですよね。

**B** はい。基本的には高齢者の方というのは、そうそう引っ越すこともないし、施術師との相性が悪くなければずっと続けてくれるという意味で、どんどんストックとして積み重なっていくと。けどこれが、いざはじめてみると案外ストックされないんですよ。

**古川**　すぐ辞められちゃうんですか？

**B**　そうですね。高齢者の方なので、どうしても入院されたりとか、あとは残念ながらお亡くなりになられたりとか、そういうのがあるので。あとは今ならコロナなのでたぶん介護施設とかに入れないですよね。そういったいろいろな問題が起きました。

**古川**　ストック型ビジネスであるというのが勝算の業態において案外ストックされないというのは痛手ですよね。

**B**　そうですね。そこは思っていたのと違ったな、と思いました。

## 期待外れだった本部のノウハウ

**B**　２つ目は、本部が意外とノウハウみたいなものを持っていないな、という点でした。自分が加盟したところはもう10年くらいそのビジネスをしていて、そのノウハウを活かしてフランチャイズをやっていますという触れ込みだったんです。で、SV（スーパーバイザー）がいるじゃないですか。そのSVが自分と本部とのつなぎ役になるわけですが、SVの人自身はまだ1～2年目の新人なんですよ。そうなるとノウハウが共有されてなかったりする。

**古川** ナレッジ化されていないと。

**B** はい。あとは年に数回、本部のオーナーを集めた勉強会があるんですよ。そこで本部側によるノウハウの講習みたいなのがあるんですけど、その内容も「俺が言ったやつだな」とか「俺と同期のオーナーが言ってたやつだな」みたいな感じで、10年間の蓄積、みたいなのは全然感じませんでした。たまたま1店舗で成功した事例を「これをやれば鉄板です！」みたいな感じでセオリーとして話しているだけなんだろうな、という感じでした。

## 「辞めさせられないスタッフ」が起こしたトラブル

**古川**　最後の一つはどんなものでしょうか。

**B**　最後はスタッフのトラブルですね。自分がやっていたマッサージ店は、施術師として一人は国家資格を持っている人が必要なんです。なので当然一人雇って、その他にアルバイトスタッフが何人かいるという状態ではじめたんですが、その資格を持っている人がすごくお金に汚い人だったんです。他のアルバイトの子からお金を借りていて、それが返ってこないとアルバイトの人から言われたんですよ。

**古川**　「オーナーどうにかしてくれ」と。

**B**　そうです。でもなかなか踏み込めないですよね。30万円くらいあって、それを私が補填するわけにもいかないじゃないですか。

**古川**　お店の業務的な話ではなくて、あくまで当事者間の個人的な貸し借りの問題ですから、オーナーといえど、他人がおいそれとは介入しづらいですよね。

**B**　かといってその人を首にすると事業を続けられないんですよ。代わりに新しい人を雇用するかと言っても、国家資格者なので募集をかけてすぐ見つかるというものでもないですし。ちょうどその頃、利益的にはトントンという感じだったので、そこに余計なコストが発生すると赤字になっちゃうなというタイミングで。

**古川** 人を雇う難しさですね。

**B** はい。ただ、逆にオーナー自身がその資格を持っていたりすると割と鉄板なビジネスかなとは思います。

**古川** 投資というよりは生業として、って感じですかね。

**B** そうですね。無資格の人がやるっていうのは結構ハイリスクかなと思います。とはいえフランチャイズ本部は「自分が無資格でも資格者を雇えばできますよ」というのを謳い文句にしているので、これからフランチャイズをやる人はそういうところには気をつけるべきだと思います。

**古川** なるほど、非常にためになるお話でした。ありがとうございます。

# ３ 会社員オーナーCさんに聞く「サラリーマンの複業としてのフランチャイズ」

## 将来への不安から「会社外の事業」を求めてスタート

**古川**　続いては、業種の違う３つのフランチャイズに加盟されているCさんにお話を伺います。よろしくお願いします。

**C**　よろしくお願いします。

**古川**　Cさんは会社員をされているということで、この本のテーマであるところの「投資」の観点からフランチャイズをされていると思うんですが、そのきっかけというか、どのような思考でフランチャイズをはじめたのか教えてください。

C　外資系の産業機械メーカーで働いているんですが、勤め先が買収されたんですよ。そこそこ出世コースにいたんですが、買収されたことで今後どうなるかわからなくなってしまったんです。そこで改めて将来について考えました。不安もありましたし、定年後にやることがなくなるのも怖いな、みたいな思いがもともとあったので、会社員以外に自分の事業を何かしたいなと考えました。でも自分で事業をやるっていっても才能もないしなあというのがあって。

古川　いやいや、今は大成功されてるじゃないですか。

C　いえ本当にそうなんです。ノウハウもまったくありませんでしたし。当然起業に関する人脈もない。ないない尽くしなので、じゃあ他の人が考えた良いビジネスモデルがあるならそれをやりたいな、と。

古川　なるほど、それでフランチャイズを選んだわけですね。

C　そういうことです。

## 重視したのは「手間とコスト」

**古川**　Ｃさんは複数のフランチャイズに加盟していますが、どうやって加盟を決めているのか、そのポイントみたいなものがあれば教えてください。

**Ｃ**　まずフランチャイズをやってみようと考えはじめたのが２０１２年くらいだったんですが、当時は会社の仕事が忙しすぎて、とてもフランチャイズに加盟しても自分の時間は割けないな、という感じだったんです。なので、できる限り自分の労力をかけずに済む投資型のものを検討しました。するとコインランドリーというのが良さそうだなとなりました。無人店舗で、雇用するのは管理のためのパートさん１名で良くて、自分の時間を取られなくて良いなと。

**古川**　雇用の負担も軽いですね。

**Ｃ**　はい。あとは初期投資もそれほど高くなくて。当時だと１０００万円ちょっとでした。さらに、仮に赤字だったとしても立地が２等立地なので家賃が安いんですよ。パートさんも1日1時間くらいの仕事なので給料として支払う額が安いんです。月に3～4万円とかだったかな。そうなると、売上が想定より少なくて赤字になったとしても、そこまでたいした額にならない。要はリスクが低かったんです。

**古川**　なるほど、ランニングコストが安いということですね。

## 目に見える部分で本部のノウハウを確認

**古川**　その他の2つのフランチャイズについてはどうでしょうか。

**C**　2つ目に加盟したのは幼児教育のフランチャイズでした。これはコインランドリーをはじめて3年後だったんですが、このときも会社が忙しくてなかなか時間が取れなくて。

**古川**　なので投資型と。

**C**　そうです。これも講師の方を業務委託で雇う形なので、自分の手はほとんどかからない投資型です。さらにビジネスモデルが非常に良いと感じました。教材の数だとか、教室を見学したときの子どもたちの食いつき具合だとか、目に見える部分でしっかりとフランチャイズ本部のノウハウがあるんだな、というのがわかったので。

## 時間があるなら起業型を選ぶのもあり

**古川**　なるほど。３つ目のフランチャイズはいかがでしょうか。

**Ｃ**　３つ目は大学受験予備校です。これはここまでの２つと違って、本格的なフランチャイズ、自分がオーナーとしてそれなりに労力を割かなきゃいけないところでした。ただこのときは会社の仕事が少し落ちついている時期で、余裕があったので取り組んでみようかなと。

**古川**　時間があるから投資型ではなく起業型にしたと。そのフランチャイズを選んだ理由と言うのは、やはりビジネスモデルですか？

C　そうですね。人件費率が低いので収益モデルとしてよくできていると思えたのと、本部が広告などをかなり流しているので集客に苦労しなさそうだなというイメージがありました。

## 出店場所を100カ所リサーチするくらい立地は重要

古川　なるほど。私から見ても、Cさんはとてもうまくいってらっしゃると思います。ただ、当然ですが、同じフランチャイズグループの中で赤字のオーナーさんもいらっしゃいますよね。そこら辺の違いというか、Cさんがうまくいった理由みたいなものに思い当たれば教えてください。

C　まずは店舗の立地ですね。

古川　立地は自分で探しましたか？

C　結果的には本部に紹介されたところにしたんですが、自分でもかなり探しましたね。フランチャイズに加盟してから実際に出店するまで、100カ所くらい

古川　は見たと思います。

Ｃ　１００カ所も自分で調べたと。それはすごいですね。

古川　はい。成功しているオーナーの方々に、こんな立地が良いっていう話を聞いたりして、たぶん半年くらいは探していました。

Ｃ　知っていたらでいいんですが、うまくいっていないオーナーの人っていうのはそういう努力を怠って、例えば本部がはじめに紹介した場所ですぐ納得しちゃったり、という感じなんですかね。

古川　そういう人も多いと思いますね。もちろんそれでうまくいく人もいますが、それはラッキーなのかなと。

## 良い立地を押さえるのにフランチャイズは有利

Ｃ　ちょっとお聞きしたいんですが、良い立地を押さえるにあたってフランチャイズの力っていうのはありますかね。例えば一等立地に良い物件があっても、個人会社だと信用が足りなくて貸してもらえないというケースはあると思うんです。それがフランチャイズの名前で話をすると、知名度があるから貸してもらえたり、というのがメリットとしてあると思うんですが、そういうのを感じることはありますか？

**C**　ありますね。例えば商業施設の中なんかだと、個人だと絶対に無理、みたいなものもあります。もちろんフランチャイズでも本部にある程度の実績がないとダメだったりするんですが、それができる本部だとだいぶ有利ですよね。

## オーナーの熱意はスタッフに影響する

**古川**　立地の他に何か成功要因はありますか。

**C**　オーナーが手をかけないと、立地が良くても売上が下がっていくこともありますね。例えばコインランドリーで、店内の清掃が不十分になってきたときに、パートさんが手を抜きはじめちゃったりすると、お店が汚いままになって当然、顧客が減る。このパートさんにやる気を出してもらう方法って、結局自分の、オーナーの熱意を伝えることなんですよね。

**古川**　オーナーが手間を惜しむと、そこが伝わらないと。

**C**　お店に元気がなくなっていっちゃうんですよね。

## スタッフへの利益還元策も重要

**C**　あとは営業というか、成約率ですよね。幼児教育とかは立地が良いと問い合わせは多く来ますが、じゃあそれをどれだけクロージングできるかというと、スタッフの営業力次第になってくる。

**古川**　100人が問い合わせてきたとして、70人成約できる人と30人しかできない人じゃ売上が大きく変わりますね。

**C**　それを担当してくれるのは講師の方なんですが、ちゃんとコミュニケーションを取るのはもちろん、成功報酬も設定したりしています。

古川　成約すれば講師の方も利益になると。

C　はい。win-winになるという仕組みを作っていかないといけませんね。

古川　私もスタッフには成功報酬を設定していますが、やっぱりそういうインセンティブがあるかどうかで、かなりモチベーションが変わってきますよね。

C　そうですね。金額以上に、「オーナーが利益を独占しようとしないで、スタッフが頑張った分だけ還元する気持ちがあるんだ」というのが伝わるだけで全然違うように思います。

## フランチャイズは「半分事業、半分投資」で

古川　本書は、株や不動産といった投資と比較してフランチャイズというのはどうなんだろう、というコンセプトで書いているんですが、本業の傍ら投資としてフランチャイズを成功させているCさんから見て、そこのところはどうでしょうか。

C　もちろんかなり「アリ」だとは思います。ただ、株などの純投資とは違う側面

古川　も、もちろんありますね。むしろ完全に投資というスタンスでやっている人はあまり成功してないイメージがあります。「半分事業、半分投資」というつもりで、やっぱり自分でオーナーシップを持ってやっていかないといけないかなと。

C　フランチャイズの中にもいろんな種類がありますよね。コインランドリーのように、ものを置いておけば基本的にはビジネスが回るという完全業務委託型のやつ。運営は基本本部がやってくれるというものですね。逆にオーナーがどっぷり自分で経営をしますというタイプ。さらにその中間的なものなど。Cさんはどちらのタイプもやっているわけですが、どっちが投資効率が高いでしょうか。

完全委託だと、誰も責任者がいなくなってしまうという問題があります。そうなると誰も真剣に取り組まなくなって、失敗する確率が高くなる。コインランドリーとかも自分が何もやらないせいでうまくいってないというケースは多いですね。

# 4
# 不動産投資家の後藤専さんに聞く「不動産とフランチャイズの比較」

## 金融の知識を活かしてフランチャイズに参入

**古川**　続いて株式会社ゴキゲンホネグミ代表後藤さんにお話を伺おうと思います。後藤さんは私をはじめにフランチャイズ勉強会に誘ってくれた方ということで、長い付き合いになりますね。よろしくお願いします。

**後藤**　よろしくお願いします。

**古川**　まずはフランチャイズをはじめたきっかけを教えてください。

**後藤**　自分の強みと弱みを分析した結果ですね。当時の自分というのは銀行員を9

年、外資系証券を10年と、金融ばっかりやってきた人間でした。いちおう不動産投資はやっていましたが、それがギリギリで、実業のことはあまりわからない。一方で、銀行からの融資の引き方っていうのを理解しているという強みがあったので、自分のノウハウで融資を持ってきて、フランチャイズのノウハウでビジネスをやる、というのが強いんじゃないかと考えたわけです。

**古川**　非常に合理的ですね。ちなみにフランチャイズを選ぶ際はどのようなことをされたんでしょうか。

**後藤**　自分は接骨院をやっているんですが、よくあるまとめサイトに登録して資料を集めて、という感じですね。良さそうに思うところは話を聞きに行きました。説明会でいうと30～40社は行ったんじゃないですかね。

## 融資を上手に引ければ回収年数は関係ない

**古川**　本書はフランチャイズを投資として考えてみよう、というコンセプトなんですが、そうなったときに何年で初期投資を回収できるか、っていうのが大事になってきます。

**後藤**　自分はその観点はあまり持っていませんでしたね。というのも、お金を借りるパワーみたいなのがすでにかなりあったんです。それ以前から不動産投資をやっていて、不動産だけで当時10億円近い負債がありました。これはつまり、それだけ借り入れられる信用があるということなので、そうなると返済額以上に稼げるかどうかが大事になってきますから、回収年数みたいなのはあまり関係ない。

**古川**　なるほど。

## 回収年数より手堅さを重視

**古川**　それでいうと、フランチャイズの中での分類と言うか、「初期投資が1億くらい必要で、それを回収するのに8年くらいかかる代わりに成功率が高い」というところと、逆に「ある程度リスクはあるけど2～3年で回収できる」というところがあると思うんですが、後藤さんのように調達能力がある人は回収を焦らなくて良いから前者に加盟するイメージがあるんですが、そこのところはどうでしょうか。

**後藤**　そうですね。極端なことを言えば自分のお金は1銭も出していないわけだから、それを何年で回収するとかじゃなくて、できるだけ長く廃れないビジネスの方が良いですよね。手堅さというか、そちらが大事になってきます。

**古川**　そういう意味では接骨院というビジネスが消滅することは考えづらいですからね。

**後藤**　そうですね。あとは、２０１５年にあった業界のアンケートで「接骨院の存在は知っているけど行ったことがない」って人が7割いたんです。一方で、肩こりとか腰痛に悩んでる人ってすごくたくさんいるじゃないですか。問題を抱えている人は多いのに、そこに社会がソリューションを与えきれていない、そこにめちゃくちゃ可能性を感じたんですよね。すごいブルーオーシャンなんじゃないかな、と。

古川　なるほど。それが決め手だったと。

## これまで接してこなかった人種とのコミュニケーションに苦心

古川　実際にはじめてみて困ったこととか、思ってたのと違うと感じたことはありましたか？

後藤　1店舗目の、要するに知名度がない中での採用は大変でしたね。当然施術してくれる人を雇わなきゃいけないんだけど、優秀なスタッフを必要数集めてキレイに事業を整えるのに3年くらいはかかりました。

古川　その話は当時から聞いていましたが、確か雇ったのに急に来なくなっちゃう従業員とかたくさんいましたよね。

後藤　そんなのはザラにいますよね。そもそも面接に何の連絡もなく来ない人とか。

古川　私も後藤さんもずっと金融の世界にいて、そんな面接に来ないとか、そういう人と接したことがなかったから驚きました。

**後藤**　そうですね。自分は今までの人生で、社会のごくごく一部の人としか付き合ってなかったんだな、と衝撃を受けました。要は金融の仕事で出会う人って、少なくとも大学を卒業してて、ある程度厳しい面接を受けて銀行に入っている人とか、英語ができるから外資系にいる人とか、そういうことじゃないですか。でもそれって社会にいる人のほんの数％なわけで。

**古川**　マネジメントする上でそういう前提を理解した上でコミュニケーションを取らないとですよね。

## 規模が小さければ採用にも工夫が必要

**古川**　採用がうまくいくようになったのは何か理由があるんですか？

**後藤**　当時はまだ本部のネームバリューが弱かったこともあってかなり工夫しましたね。例えば、既存のスタッフの履歴書を見たら学校の名前が書いてあるわけですよね。施術師なので専門学校。そこに電話して、卒業生の誰々さんが今働いてくれてるんだけど素晴らしく優秀だからお礼に行きたいと伝えるんですよ。そしたら100%会ってくれますよね。そうやって学校側との関係を少しずつ作っていきました。

**古川** これはすごい話ですね。

**後藤** あとは、そうやって店舗を増やしていって、今は6店舗あるんですけど、これは県下最大の店舗数なんです。そうなるともう、その地域の施術師で転職活動する人は必ずうちを受けてくれますよね。とりあえず一番大きいところは受けとくか、って思うから。

**古川** そうしたら今は採用はまったく困ってないと。

**後藤** ありがたいことに選ばせていただく側になっていますね。

## 不動産投資もフランチャイズ投資も同じようなもの

**古川** もうひとつ、本書はフランチャイズを投資と考える、というテーマを持っています。後藤さんは不動産投資もされていますが、それと比較してどうでしょうか。

**後藤**　それについては一つ言いたいことがあって、自分は不動産も実業だと思っているんですよ。不動産投資っていうとやたらと不労所得なんて言われますよね。もちろん、実際に自分が手を動かす量っていうのは多くないんですが、それでも貸しビル業とか賃貸マンション業っていうビジネスなんですよ。

**古川**　結局、事業として考えるマインドが必要だと。

**後藤**　そうです。フランチャイズの接骨院で、施術を受けたお客様は満足してくれたか、と考えるのと同じで、このビルを借りた人は満足してくれたかと考えて、何か足りないところがあるなら改善しなきゃいけない。これを「お金を出すだけで良い」と思っていたら、フランチャイズは事業で不動産は投資で、と別のものに思えるのかもしれないけど、自分にとってはその差はないですね。だからフランチャイズ投資と言ったときに「お金だけ出せば儲かる楽なもの」というニュアンスを読者の方が思ってるならそれは違うよ、となるんだけど、不動産投資だって同じように楽じゃない。楽じゃないんだけどそこは同じだから、フランチャイズ投資もやりましょう、って言ってるわけです。

**古川** やっぱりオーナーとしての覚悟みたいなものは必要ですよね。ただそれは不動産投資でも変わらないと。

**後藤** そういうことです。それがない人は成功しないいんじゃないですかね。

# 5 フランチャイズネガティブ派藤原さんが語る「フランチャイズが成功しづらい理由」

## フランチャイズに大成功はない

**古川**　次は藤原さんにお話を伺います。藤原さんはご自身でフランチャイズのオーナーもされた上で現在はフランチャイズコンサルタントをされ、フランチャイズの危険性についても語る「フランチャイズ地獄からの脱出」という有名ブログを運営されていらっしゃるので、今回は「ネガティブ派」ということでお話を伺おうと思います。

**藤原**　よろしくお願いします。

**古川**　まず、藤原さんから見たフランチャイズの危険性とか、よくある失敗パターンみたいなものを教えてください。

**藤原**　そもそもフランチャイズって大成功はほとんどなくて、良くて中成功っていう世界だと思うんですよ。これはどういうことかっていうと、フランチャイズオーナー全体の中では結構うまくいっているよ、という人でもサラリーマンでいう中くらいの収入だと。具体的に言うと一部上場企業のサラリーマンの年収が６００万円くらいと言われていますから、これくらいがフランチャイズオーナーとして「成功」と言われるラインの目安だと思います。でも、一部上場企業のサラリーマンとフランチャイズオーナーじゃ安定性が全然違いますよね。なのであくまで「中」成功かなと。

**古川**　もっと莫大な利益を上げているオーナーもいらっしゃるとは思うんですが、そういう人はごくごく一部だと。

**藤原**　そうですね。私はもう20年くらいコンサルタントをやってますし、その前は自分もオーナーだったわけですが、やっぱりどんどん脱落していきますよね。10

年飯が食えたら成功と言って良いんじゃないかというのが体感です。

**古川**　10年経てば、初期投資額も償却し終えていますしね。

## 本部にすすめられるまま安直に2店舗目を出すのはよくある脱落パターン

**古川**　じゃあ、そこまでもたずに脱落してしまう人のパターンと言うのはどういうものがあるんでしょうか。

**藤原**　いろいろありますが、例えば1店舗目がうまくいったときに本部からすぐに2店舗目を出しましょう、と言われるケースですね。本部からすれば、経営能力がわからない新人に任せるよりも、少なくとも1店舗は軌道に乗せた実績があるオーナーに任せた方が見込みを立てやすいわけですよ。なのですぐに2店舗目3店舗目を出させようとするわけです。

**古川**　本部としてはそう考えますよね。

**藤原**　一方で、オーナーからすると、2店舗目をすすめられるというのは本部から認められたようでうれしくなりますし、当然利益を拡大したいという思いもありますから、すぐにそういう話に乗っちゃうんですよね。ところがまあ2店舗目でずっこけてしまって、1店舗目の利益がまるまる消えちゃうとか。2店舗目までうまくいってて周りからもて囃されてたけど3店舗目で失敗しちゃうとか、そういうのが10年間の中で起きるんですね。

**古川** どれだけ経営スキルが高くても10戦10勝のオーナーというのはまずいませんから、リスクヘッジをせずに拡大していたら絶対どこかで敗北するときがきますよね。

**藤原** そもそもフランチャイズのブランドがずっと安定して成長を続けるなんて保証はないですからね。

## 「オープン屋」には要注意

**古川** フランチャイズで失敗する例として、本部が悪徳というか、そういうケースもあると思うんですが、いかがでしょうか。

**藤原**　それもありますよね。我々は「オープン屋」なんて呼んでますけど、オープンさせるまでが仕事になっているようなところが多いんですよ。

**古川**　加盟金をもらうのがメインで、その後の事業の継続のところは知らないよ、と。

**藤原**　そうです。加盟金で儲けておいて、その代わり違約金はあまり取らないことで、うまくいかなくても辞めるときにトラブルを起きづらくさせておくとか、そういう手口がいろいろあります。

**古川**　加盟金をいっぱい取るくせに違約金も高額みたいなところもありますよね。

**藤原**　それもありますね。入り口が酷くて出口が楽、入り口は良いけど出口が酷い、入り口も出口も両方酷い、この３パターンがあります。独立したばっかりのオーナーっていうのは、正直なところ赤ちゃんみたいなものですからね。本部に手玉に取られてしまうっていうのはあります。逆に経営経験が豊富な人、本業でも経営をしてた人なんかだと、うまく本部と話をまとめたりっていう力がありますよね。少なくともこういったリスクは把握して対策する必要はあります。

## 6 M&Aの専門家Dさんに聞く「フランチャイズ店舗の売買」

### フランチャイズ店舗の売買は意外とできる

**古川**　続いてDさんにお話を伺います。DさんはもともとM&Aの専門家ということで、フランチャイズ加盟店の売買の仲介なんかもされていらっしゃるんですよね。

**D**　そうですね。基本的にフランチャイズ本部の規約にはそういう売買はしてはいけないって書いてあるんですが、やる気のないオーナーよりはやる気のある方が良いっていうのは本部にとってもそうなので、普通にできちゃうことが多いですね。

**古川**　意外とトラブルなくできるんですね。

D　トラブルが起きるとしたら加盟金の話ですね。もともとのオーナーが加盟金は払ってるわけですけど、新しいオーナーにも加盟金が請求されて揉めるってのがよくあります。最初のオーナーが払う加盟金は単純に立ち上げ支援金として納得できるけど、すでにできているお店を買っても加盟金がかかるとなると「加盟金って何なんだ？」という議論になったりしますね。

## 赤字店舗を買って黒字に育てることは可能

古川　Dさんはご自身でもフランチャイズオーナーをされていらっしゃいますよね。

D　もともと自分は赤字の事業を安く買って黒字に育てる、というビジネスモデルに興味があったので、それができないかと思って自分で買ってみたんです。それがフランチャイズの介護事業でした。

古川　黒字化はできたんですか？

D　できませんでした。ただこれは本部が悪いというより私の見極めが甘かったのが原因でしたね。介護保険法の改正なんかがあって、それにうまく対応できなかった。なので損切りということで、フランチャイズ経営のプロみたいな人に売却しました。そうしたら、その方はすぐ黒字化されていましたね。そこで、やる人がやれば黒字にすることは可能なんだな、というのを学びました。

**古川** 説得力があります。

**D** みんな本部が悪いって言うけど、それは他人のせいにしているだけってパターンも結構あるのかなと思います。冷静に分析をしてやれば勝てるわけで、フランチャイズと言うビジネスモデルを逃げ道にしてるんですよね。

**古川** そのあとも何店舗かフランチャイズ加盟店を買っていらっしゃるんですよね。普通に加盟されたことはない？

**D** そうですね。あくまで赤字のフランチャイズを買ったらどうなるんだろう、という実験なので。あまりやっている人が多くないので、研究してノウハウを積み上げたらおもしろいと思っています。

## 同じビジネスモデルでも経営努力次第で大きく変わる

古川　具体的には、どんな店舗を買ったのですか？

D　パソコンスクール事業と、幼児教育の事業、両方ともともと赤字の店舗を買って、黒字化には成功しました。パソコンスクールの方は本部が潰れてしまいましたが。

古川　どのくらい数字が変わったのか教えてください。

D　幼児教育の方は、損益分岐点が会員50名と言われていたんですが、自分が買った時点では10名でした。

古川　50名必要なところ10名しかいない店舗を買うっていうのは、なかなか勇気がいりますね。勝算があったんですか？

D　そうですね。商圏が良かったんですよ。子育て家族が多いエリアで、この商圏で10人はおかしいだろう、という。けれどやっぱりそれには理由があって、激戦区だったんですよね。なんとか黒字化はできましたが、簡単ではありませんでした。

**古川** 黒字化させるにあたってポイントとなった要素は何がありますか？

**D** 精神論みたいになっちゃいますけど、本気度合いですね。実はこの幼児事業、厳密には今は私のものではなく、妻に譲渡したんですよ。私がやっていたころは、全然力を入れてなくて伸び悩んでいたんですけど、妻に任せたところ妻は幼児教育というものそのものに興味があったみたいで、現場にも手を加えだして、そしたらすぐに黒字化しましたね。

**古川** オーナーの本気度が試されるというやつですね。

**D** まさにそうです。

## 制度に甘えるのは危険

**D** もっと言うと、このフランチャイズは黒字化保証というのがついていたんです

古川　が、自分にとってはそれも良くなかったですね。

Ｄ　黒字化保証というと、赤字を補填してくれたりという？

古川　そうです。加盟金の中から赤字を補填してくれるというサービスがついていたので、そうなるとそこまで頑張らなくて良いや、という気持ちになってしまう。そういう意味では黒字化保証モデルみたいなのってある意味リスクだと思います。

Ｄ　せっぱつまって本気にならないとダメだと。

古川　本気の人がやれば黒字になるお店で赤字を出しているって、それはつまり取りこぼしがめちゃくちゃ多いってことですよね。うちは今会員が80名くらいいて、このままいけば１００名くらいは狙えると思います。

## 本部を使い倒すくらいのマインドが大事

古川　そうやってご自身でもフランチャイズを黒字化させていて、さらに本業のＭ＆Ａの方でもいろんなオーナーを見ていらっしゃいますよね。その中で勝ち組になるオーナーの特徴みたいなものってありますか？

**D** 本業で土地勘がある人はやっぱりいいですね。サービス業を本業としていてやっているんだけど、その業態が少し衰退しはじめて、本業の人材を活用して接客業のフランチャイズをやる、みたいなところはうまくいっている気がします。

**古川** なるほど。

**D** あとは本部も従業員である、という発想を持っている人が多いですね。

**古川** 本部も自分の事業を手助けしてくれるわけですから、ある意味そうですね。

**D** 本部に文句を言いたくなることもあると思うんですけど、本部と喧嘩して得することって一つもないので。その人たちも従業員だと思って活用する、むしろ本部をうまく使い倒すくらいのマインドの方がうまくいくと思います。

# 7 本部の運営に携わってるEさんに聞く「フランチャイズ本部の本音」

## 「人で集客するモデル」はオーナーの頑張りが必要

**古川**　この本は加盟オーナーの立場からフランチャイズを解説した本ですが、ここでフランチャイズ本部の運営に携わっている方のお話も聞きたいと思います。Eさんよろしくお願いいたします。

**E**　はい、よろしくお願いいたします。

**古川**　まずフランチャイズ本部を運営している人から見て、良いフランチャイズの見分け方というのはどういうところにあると思いますか？

E　まず大事なのは集客力ですよね。商売の一番重要なポイントっていうのは集客なので。そこで「人で集客するモデル」なのか「箱で集客するモデル」なのかってのは絶対に見ないとダメですね。

古川　と、言いますと？

E　例えば、買取屋さんをやるとします。買取屋さんっていうのは買取が集まらないと成り立たないわけですが、それそのものに競合に対する優位性は基本的にありませんよね。どこも同じような値段をつけるわけだから。となると、積極的にチラシを配ったりして集客する必要があります。この辺はどうしたって本部のウエイトが低くなるので、オーナーが頑張らないといけないわけです。これが「人で集める」モデル。

## 「箱で集客するモデル」はビジネスモデルの見極めが重要

E　一方で、我々がやっているようなスクール系っていうのは、その内容とかブランドとかっていう「箱」で集客するモデルなので、ビジネスモデルがしっかりしていればオーナー側の努力は小さくて済む。

**古川**　逆にビジネスモデルが尖ってない場合は苦労しますよね。

**E**　そうですね。だから人で集めるモデルか箱で集めるモデルかっていうのと、箱で集めるモデルだとして本当に集められているかっていうところ、これを見る必要があると思います。ただそれは人それぞれ得意不得意がありますからね。集客が得意な人なら人で集めるモデルでも良いでしょうし。

**古川**　「営業が得意だから任せろ！」と思うのか、「集客はできるだけ本部の力を借りたい」と思うのかっていうところで分かれてくるということですね。

**E**　あとは「加盟金が安いからここに入ります」みたいな考え方をする人は本末転倒ですよね。加盟金が安いっていうことは営業力が必要になるはずなんですよ。加盟金っていうのは相応の価値があるから払うものであって、それが安いなら与えられる価値も小さいっていう理屈なので。

**古川**　そういうところから、ビジネスモデルそのものの集客力みたいなものを見破るのが大切ということですね。

**E** それを見破れれば7割は勝てるんじゃないですかね。

## 数字を盛る本部は自転車操業の可能性がある

**古川** オーナーは加盟前に本部からいろいろな説明を聞くと思うんですが、そこで数字を盛る本部ってありますよね。例えば予想収支を聞かれて「一番業績の良い店舗の数字を答える」みたいな。いちおう嘘ではないんだけど、平均値とはかけ離れている。こういうのってやっぱり営業だから仕方ない、ってことなんでしょうか。

**E** そこは考え方ですよね。普通に考えたらそれって意味がないんですよ。盛った数字を伝えて契約したら、あとでトラブルになる確率が高まるじゃないですか。それは本部からしても自分の首を絞めることになるので。

**古川** 確かにそうですよね。

E　じゃあなんで盛って伝える本部がいるかっていうと、後々トラブルになることをわかっていても、今契約を取るためにそれをせざるを得ない、っていうことなんでしょうね。

古川　加盟金を今もらわないと立ちいかない、ある種の自転車操業のような？

E　そうなんじゃないですかね。

## ビジネスモデルが優秀ではない本部は加盟金頼りになる

E　フランチャイズ本部の理想って、加盟金じゃなくて月々のロイヤリティだけで本部の固定費が賄われる状態だと思うんですよ。本部もオフィスの家賃とか人件費とかのコストがかかってるわけですけど、それを毎月のロイヤリティで賄えれば、とりあえず赤字はないから、余裕を持った営業や運営ができますよね。

古川　なるほど。

E　逆にそこが赤字になっていると、加盟金の数百万円をかきあつめて補填しなきゃいけない、ってなる。まあ、それをやってもあとで地獄を見るだけなんで私は絶対やりたくないですけど、そういう風になっている本部はあるんだと思います。

**古川**　本部のビジネスモデルがそれほど優秀じゃない場合なんかは、当然それだと各店舗が黒字にならなくて、そうなれば当然ロイヤリティも減っていく。それはそもそものビジネスモデルのせいなんだけど、とはいえ本部の固定費は払っていかないといけないから現実と乖離した数値を伝えたりして営業力で加盟金を取ってなんとかするケースっていうのはありますよね。

**E**　そうですね。だからそういうのはちゃんと見破らないといけない。

## ビジネスモデルがアップデートされているかも要チェック

**E**　例えば3年間同じことやっている本部なんて意味ないですよね。時代は変わるわけだから。そういうところは確認した方がいいです。

**古川**　フランチャイズの良いところっていうのは当然ビジネスモデルを借りられるところなわけですが、残念ながらビジネスモデルっていうのは時代に合わせて変えなくちゃいけないですからね。そこができてなく、いかに加盟金を取るかというところに労力を割いているフランチャイズは長くは持たないだろうな、と感じます。

**E**　その信号は説明会とか契約書とかに絶対出ているはずなんですよ。だからちゃんと吟味した方が良いです。

# おわりに

## 「とりあえず株式投資」という発想自体が情報の歪み

本書をお読みいただきましてありがとうございます。いかがでしたでしょうか。本書を通して、フランチャイズ投資に少しでも興味を持ってくださる方が増えれば、うれしいと思います。

本書の中で、投資の重要ポイントとして「情報の歪み」という単語が出てきます。

終身雇用の崩壊、年金制度に対する不安、コロナ不況、様々な理由から「自分の力で稼ぐ」ということがフィーチャーされています。

その影響で「副業」や「投資」というのはとてもホットなワードとなっているようです。しかし、多くのサラリーマンは、かつての私のようにこのまま会社勤めを頑張れば人生は安泰だ、と最近まで思っていたのではないでしょうか。もしかしたら、まだそう思っている人もいるかもしれませんね。そんなところに急に副業だ、投資だ、と言われても何をすれば良いかわからない、という人が大半だと思います。

何をすれば良いかはわからなければどとりあえず何かをしなければいけない。そこでよく名前を聞く株式投資をやってみる。

こんな発想そのものが「情報の歪み」と言えると思います。

本書の中で語っている通り、多くの個人投資家にとって、株式投資というのは資産を増やすための有効な手段ではありません。と、書くと少し極端かもしれませんが、少なくとももっと有効な投資方法がある可能性は高いと言えます。

会社の給与に変わるような大きな収入の柱を作りたいのであれば、フランチャイズというのは非常に有効な手段である。本書で何度も書いたことではありますが、それを伝えるのが正真正銘、筆を執った目的です。

## 「投資に必勝法はない」というマインドが勝率を上げる

投資である以上10勝0敗を出すことはできません。それは私も同じです。だからもちろんリスクはあります。

これはとても重要なことで、「投資の必勝法」といった詐欺にひっかかってしまう人は10勝0敗があり得ると思っている人です。

フランチャイズにおいてもこれは同じで、「どんな本部にもリスクはある」というマインドがあるから「このフランチャイズはどんなリスクがあるんだろう」「この営業マンが言っている数字は本当なのだろうか」と考え分析することができますし、「どんなに良いビジネスモデルでも失敗することはある。自分の力で勝率を上げることはできないだろうか」と自責思考を持つことができます。

大切なのはリスクを把握して対策をすること、勝率を少しでも上げる努力をすることです。それを伝えるために、本書はフランチャイズのデメリット、本部に騙されてしまわないための方法など、少し語りづらい内容もしっかりと書いたつもりです。

## 学び続けることが勝ち組への道

少し感覚的な話になりますが、フランチャイズに対する理解を深めて、X軸の値が高いフランチャイズを選ぶこと、自分自身の能力＝Y軸の値を高めることをきちんとできれば、フランチャイズ投資は7勝3敗や8勝2敗を狙える投資であると思います。

そして、このノウハウを手に入れるには、結局は自分で努力するしかありません。

本書はそのきっかけにしてほしい、という思いで書いた本なので、この本を読んでフランチャイズをやってみたいと思った人は、このあともしっかりと学び続けてください。

まずは書籍などでしっかりと基礎知識を身につける。そして勝ち組オーナーとの接点を持つ。この2点をぜひ意識してみてください。

本書を読んでくださった皆さんと、いつか勝ち組オーナーのコミュニティで情報交換ができる日が来ることを祈っています。

2021年5月

古川暁

## 読者特典

本書をお読みいただき、フランチャイズ投資に興味を持ってくださった皆さん、フランチャイズ加盟者同士のつながりに興味を持ってくださった皆さんに、次の特典をプレゼント！

**①「初心者のための フランチャイズ投資セミナー」 1回無料参加**

**②本気の方のみ限定 「通話コンサルティング」 1回無料**

特典希望の方は
kameisha.fc.business@gmail.com
までメッセージをお送りください。

※本特典は著者が独自に提供するものであり、その内容について出版元はいっさい関知いたしません。あらかじめご了承ください。

■著者プロフィール

古川暁（ふるかわ・さとる）

◎開成高校・東京大学を卒業後、住友信託銀行、ロイヤルバンクオブスコットランド、BNPパリバにて金融マンとしてキャリアを積む。銀行員時代の2014年に仲間達とフランチャイズ業界を投資という観点から研究し、準備期間を経て独立。現在3つのフランチャイズ本部に加盟。5店舗を運営、1店舗をオープン準備中。フランチャイズ加盟候補者として多くのフランチャイズ本部と出会い、実際にフランチャイズオーナーとして会社を運営している経験を投資家、将来の起業志望者につなげる意思を持つ。

◎銀行・証券25年、公益社団法人日本証券アナリスト協会検定会員。株式会社幻冬舎総合財産コンサルティング運営カメハメハ倶楽部セミナー講師。フランチャイズ加盟者のためのビジネス研究会主宰。

カバーデザイン：大場君人

フランチャイズ投資《とうし》入門《にゅうもん》

発行日　2021年　6月24日　第1版第1刷

著　者　古川《ふるかわ》　暁《さとる》

発行者　斉藤　和邦

発行所　株式会社　秀和システム

〒135-0016

東京都江東区東陽2-4-2　新宮ビル2F

Tel 03-6264-3105（販売）Fax 03-6264-3094

印刷所　日経印刷株式会社　Printed in Japan

ISBN978-4-7980-6469-7 C0034